人気No.1にダマされないための本

小林直樹

日経BP

はじめに

2016年10月に、本書の前作となる拙著『だから数字にダマされる「若者の○○離れ」「昔はよかった」の9割はウソ』を執筆、出版しました。それから6年半後の23年4月、前作の中の一節が高校の国語教科書に採択され、掲載されています（『新編 論理国語』大修館書店、令和5年度）。

掲載されたのは、「若者の海外旅行離れ」に対する反証です。「近ごろの若者は内にこもって外に目を向けない。自分が若いころは…」といった中高年のボヤキを耳にすることがありますが、今の若者（20代）は過去最高レベルで海外に出ています（新型コロナウイルス禍前のお話になりますが…）。

確かに実数は減っています。1996年に海外に出た20代は460万人を超えていました。それが2019年は380万人です。しかし96年の20代は67～76年生まれで、その数1900万人超。一方、19年の20代は90～99年生まれで1200万人しかいません。率にすると96年は24％、19年は約32％です。のべ人数なので1人が3回行くと3人とカウントされる点は注意が必要ですが、決して若者は引きこもってはいないことを数字は示しています。

このように数字に惑わされたり、誤解を招いたりするケースは多々あります。21年は年明けから、非公正なNo．1調査・広告が問題視されました。企業は自社商品・サービスの魅力をアピールする際に「No．1」と言える材料があると心強いもの。その足もとを見るように「No．1を取らせます」と営業を仕掛ける一部調査会社の存在と、真っ当とは言い難い調査の手口が明らかになりました。このカラクリは、マーケティング職に従事する人は特に、そして1人の消費者としても知っておきたいものです。第1章で説明します。

また、メディアの記者のメールアドレスには日々、ランキングやアンケート調査結果のプレスリリースが多数届きます。速報性重視のWebニュースメディアでは、リリース文面をほとんど横流しするような記事が目立ち、しっかり検証ができているとは言い難いところがあります。それゆえに、やや難アリだったり見方に注意が必要だったりするランキングやデータが記事になって話題化、拡散してしまうことが起きています。気づいたものは筆者が所属するマーケティングメディア「日経クロストレンド」でも記事にしてきましたが、こうした事例がかなり溜まってきたこともあり、このタイミングで書籍化することにしました。

本書の執筆に当たり、トランスコスモス・アナリティクス取締役エグゼクティブフェローの萩原雅之氏には多くのヒントをいただきました。萩原氏はご自身のフェイスブックで興味深いアンケート結果や「なぜこんな結果が出たのか?」と議論になりそうなランキング・データをよく投稿されていて、フォロワー仲間がコメント欄に意見していく、コミュニティーの場になっています。何の統計的素養があるわけでもない私は、ここで鍛えられたように思います。この場を借りて御礼申し上げます。

本書を通じて、数字の見方に何らかの気づきや変化が得られれば幸いです。

２０２３年5月末日

日経クロストレンド記者　小林直樹

目次

第2章 世界VS日本…… 国際比較調査の落とし穴

第1章

人気No. 1に
ダマされないために

1-1

利用経験ない調査モニターが回答する調査が横行
不当な人気・満足度No.1にリサーチ協会が猛抗議

「お客様満足度3年連続No.1」「皆さまに愛されて5冠達成」メダルを模したイラストにこんな文言が躍る広告を見かけたことがあるだろう。中には、いいかげんな調査設計で1位をデッチ上げたものが含まれている。

「当協会は、『No.1を取得させる』という『結論先にありき』で『No.1調査』を請け負う事業者やこれらをあっせんする事業者に対して、厳重に抗議し、中立的立場で公正に『No.1調査』を行うべきことを要請します」――。

2022年1月、日本マーケティング・リサーチ協会（JMRA）が「非公正な『No.1調査』への抗議状」(＊1)と題する抗議文を公表した（**図1**）。JMRAは、マクロミルやインテージ、クロス・マーケティングなど100社超の市場調査会社、リサーチユーザー側の企業・団体も賛助法人として60社超が参画する1975年設立の業界団体だ。

そのJMRAが「到底看過できない」と怒りの矛先を向けた「非公正な『No.1調査』」

図1 不当な手法でNo.1をうたう調査が横行、リサーチ協会が抗議

非公正な「No.1 調査」への抗議状

令和4年1月18日
一般社団法人 日本マーケティング・リサーチ協会
会長 内田 俊一

近年、商品やサービスの広告表示において「No.1」を表記しても不当景品類及び不当表示防止法に抵触しないように、その客観的な根拠資料を得る目的で市場調査会社にアンケート等を依頼する調査（いわゆる「No.1 調査」）が増えております。

当協会のマーケティング・リサーチ綱領は、第1条において「リサーチプロジェクトは、適法、公明正大、誠実、客観的でなければならず、かつ、適切な科学的諸原則に基づいて実施されなければならない」と定めているため、マーケティング・リサーチ綱領を遵守する調査会社が「No.1 調査」を

とはどのようなものか？

「お客様満足度Ｎｏ．１」「サポート体制Ｎｏ．１」など、広告表示において他社商品・サービスよりも優れていることを訴求するために「Ｎｏ．１」を連呼するケースが多発している。これらが精緻なリサーチに基づいた結果であればよいのだが、およそ聞いたこともないような事業者が「おかげさまで5冠達成」などとＮｏ．１をアピールしている広告を、本書を手に取った読者なら見たことがあるだろう。

ＪＭＲＡの幹部は、「協会非加

盟の一部リサーチ業者で、『Ｎｏ．１を取らせる』といううたい文句で営業するケースが横行している。会員企業にも『Ｎｏ．１調査をいくらでやってくれるのか？』という問い合わせがここ最近、増えてきた」と抗議の背景について説明する。

過剰な広告表現と取り締まりのいたちごっこ

いいかげんな「Ｎｏ．１」訴求は今に始まった問題ではない。消費者に自社商品のよさを伝えたいという思いを抱くのはどの企業のマーケティング、営業担当者も同じだが、その思いはともすると、「実際の質・機能よりもよく見せたい」という背伸びにつながり、「ウソでない限りやや大仰な表現をしたっていいだろう」→「ちょっとのウソは方便だ」→「買いたくなる＝売り上げが伸びるメッセージこそ正義だ」とエスカレートしてタガが外れていく。

実際、Ｎｏ．１をうたう広告は、広告表現に対する規制が全般的に緩かった時代はさらに多く見かけるものだった。当時は、Ｎｏ．１表示に対して「※当社調べ」などと注記していることが多く、２００８年６月に公正取引委員会が「Ｎｏ．１表示が合理的な根拠に基づかず、事実と異なる場合には、景品表示法（景表法）上問題となる」と警告。「Ｎｏ．１表示の根拠となる調査の出典を具体的かつ明瞭に表示すること」と表示のガイドラインが示された。（＊2）

だが、このガイドライン一つでそう簡単にこの手の広告表現がおとなしくなることはない。その後、時代はブログブーム、ツイッターやフェイスブック、インスタグラムなど、ＳＮＳ隆盛期に入ったことで、企業のマーケティングもＳＮＳが持つクチコミパワーを生かす方向にかじを切った。問題企業もこの動向にいち早く対応し、そのクチコミの威力を悪用する形で取り入れていく。ネットの掲示板やＳＮＳで、一般人を装って自社店舗・商品を称賛する投稿を乱発して、あたかも好評を得ているかのように装う、いわゆるステルスマーケティング（ステマ）である。

ステマからＮｏ．１広告へ

はやっている店であるかのように見せるためにアルバイトを雇って行列をつくらせ人気を演出する「サクラ」もステマの一種であり、古くからある手法だ。ブログおよびＳＮＳ

の普及によって、仕掛けるのがお手軽かつ巧妙になった。

ブログサービス「アメブロ」を運営するサイバーエージェントには、企業が自社商品を宣伝してほしいタレントブロガーを選んでサンプルを渡し、感想を書いてもらう「記事マッチ」という芸能人・有名人を活用したプロモーション手法がある。これはブログ記事上で、企業がタレントブロガーに商品を提供し試用してみたという「関係性」をオープンにする必要がある。ところが一部企業は、同社を通さずに芸能人ブロガーに直接アプローチして化粧品などを提供。あたかも以前から愛用してきたかのように書かせて謝礼を支払う〝裏取引〟が相次いだ。複数のモデル、タレントが特定商品をほぼ同じ文面で紹介する不自然なブログ記事が同時期に公開されるなど、ずさんな運用から手口がバレて炎上することもたびたび起きていた。

ステマは今なお水面下で続いているが、ステマがバレた際に企業が信用を失うダメージの大きさを考えれば、安易な手出しは無用だ。問題視してきた消費者庁も、ステマを景品表示法が禁じる不当表示に追加し、23年10月からステマの規制を始める。違反した場合は、再発防止を求める措置命令の対象となる。

自社商品・サービスがNo.1とアピールしたいが、「※当社調べ」では信用されず、お金を積むことで広告と書かずにクチコミ風にインフルエンサーに宣伝してもらうステマも風当たりが強くなるにつれ、ステマに手を染めた一部企業は消費者を欺く新たな広告スタイルを考案する。それが、調査会社を介してNo．1のお墨付きをもらって広告宣伝に使う、「No．1調査」「No．1広告」「No．1商法」である。

調査会社は通常、依頼企業の要望といえども不当な調査手法で疑わしい結果を提供することはないが、調査会社側にも一部、これを〝商機〟と見て、いいかげんな手法で割り出したNo．1という結果を売ることに手を染める企業が出てくる。ステマにおいても「好意的なクチコミを増やします」という売り文句で営業し、ステマ投稿を指揮するステマ業者が暗躍していたが、構図はよく似ている。「No．1を取らせてナンボ」の調査会社が現れ、顧客が希望する結果を恣意的につくり出す、正当な調査とは言い難い調査ビジネスがはびこるようになった。

その手口は、例えば次のようなものがある。

・調査対象を特定キーワード検索結果1ページ目の掲載企業とすることで、強力な競合を排除して調査する

・人気調査、満足度調査といいながら、実際に購入・利用したことがない調査モニターにイメージだけで回答させる（**図2**）

・無料キャンペーン中または直後に好意的なクチコミをカウントして人気Ｎo．１をアピールする

・売り上げトップだったのは１日～数日と短期間だったにもかかわらず、期間を示さずに販売実績Ｎo．１をアピールする

・特定成分を含む通販化粧品で売り上げトップといった条件を示さずに、大きな商品カテゴリーで販売実績Ｎo．１であるかのようにアピールする

・施術件数や合格実績など、狭いエリア限定でトップであることを示さず広域でＮo．１であるかのようにアピールする

図2 対象外&利用経験のない人に満足度を回答させている

サイトイメージ調査

以下は看護師向けの求人サイトへのリンクです。

下記サイトをご覧いただき、「満足度の高い看護師求人サイト」だと思うものを選んでください（複数回答可）

☐ 看護師求人サイト(1)
☐ 看護師求人サイト(2)
☐ 看護師求人サイト(3)
☐ 看護師求人サイト(4)
☐ 看護師求人サイト(5)
☐ 看護師求人サイト(6)
☐ 看護師求人サイト(7)

送信する

図3 No.1表示は特に20代の購入意欲に影響を持つ

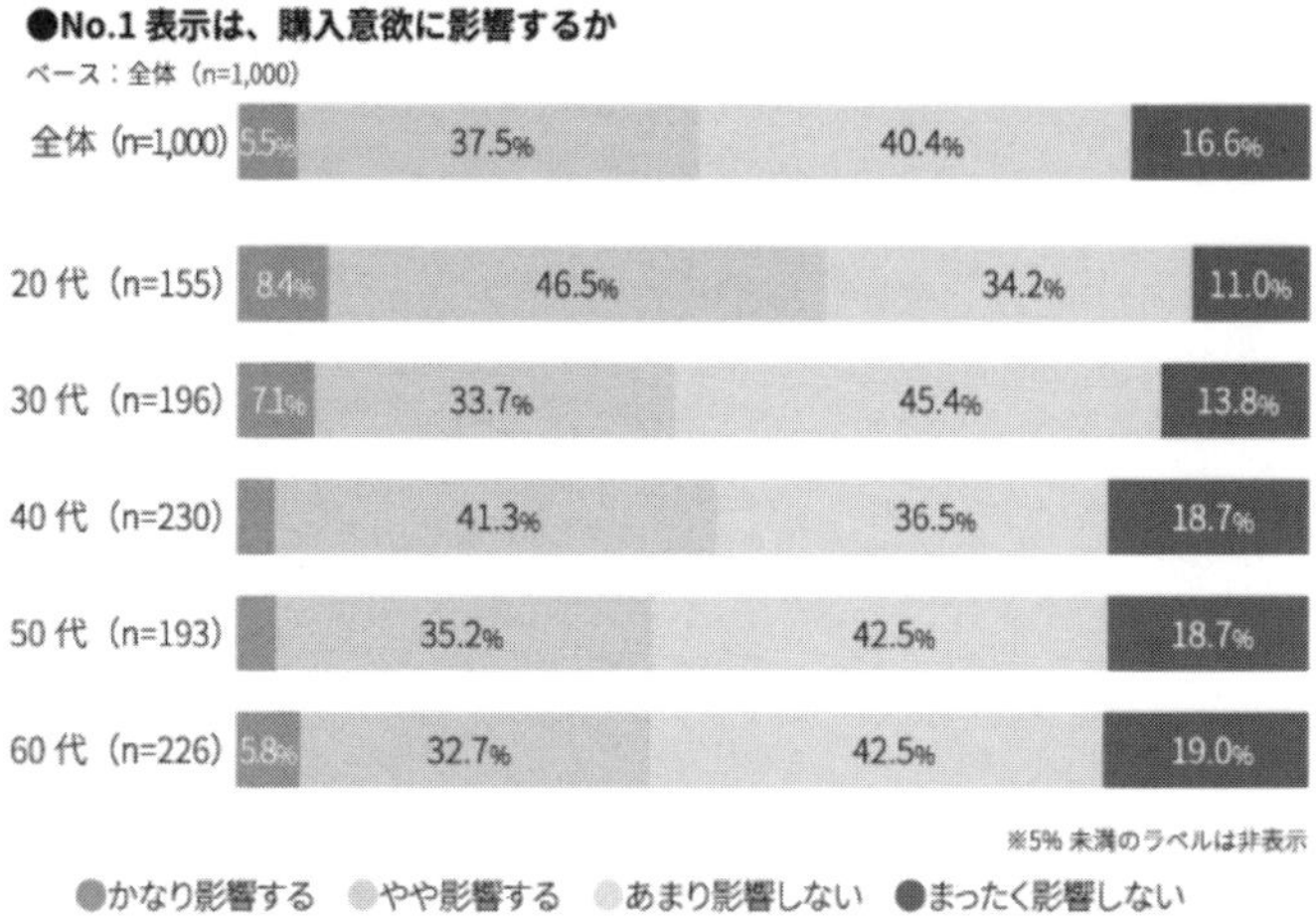
●No.1 表示は、購入意欲に影響するか
ベース：全体（n=1,000）
全体（n=1,000） 5.5% 37.5% 40.4% 16.6%
20代（n=155） 8.4% 46.5% 34.2% 11.0%
30代（n=196） 7.1% 33.7% 45.4% 13.8%
40代（n=230） 41.3% 36.5% 18.7%
50代（n=193） 35.2% 42.5% 18.7%
60代（n=226） 5.8% 32.7% 42.5% 19.0%
※5% 未満のラベルは非表示
●かなり影響する ●やや影響する ●あまり影響しない ●まったく影響しない

こうした恣意的な調査が横行する背景には、広告における「Ｎｏ．１」表記が消費者に対して一定の効果を持つことが挙げられる。

大手調査会社のマクロミルが19年２月、全国20～60代のモニター１０００人を対象に実施した自主調査「『Ｎｏ．１表示』の広告等に関する意識調査」（＊3）で、Ｎｏ．１表示の購入意欲への影響を尋ねたところ、「かなり影響する」が５・５％、「やや影響する」が37・５％と、計43％が影響することを自覚していた（**図3**）。

特に20代は計54・９％と過半数に達し、影響を受けやすい。それ故に企業側はなんとかＮｏ．１とうたえる要素をひねり出してでも訴求したいと考え、「No.1をいくらで取らせる」という調査ビジネスがつけ込む余地をつくり出している。

安易な「No.1」アピールにクレーム、景表法抵触へ

だが安易なNo.1表記は、企業にとってかえって逆効果になり得る。No.1であることを合理的、客観的に実証できなければ、景表法に抵触する可能性がある。実際、自社の商品・サービスの人気や満足度などを外部の調査会社に依頼し、1位と表記した内容が根拠不十分として措置命令が下った例がある。以下、3つの事例を挙げる。

1つ目は、「痩せる効果がある」として「イソフラボン」を含む機能性表示食品を販売していた健康食品会社。16社に措置命令が下り、うち9社に18年1月、計1億円超の課徴金が課せられた。中でも課徴金が4893万円と最大だった販売会社は、自社サイト上で根拠に乏しい体脂肪減少効果をアピールしていたほか、「ダイエット成功期待度 第1位獲得サプリ」と記載。こうした文言が優良誤認に当たるとされた。（*4）

図4 接骨院チェーンの広告表記が景品表示法に抵触

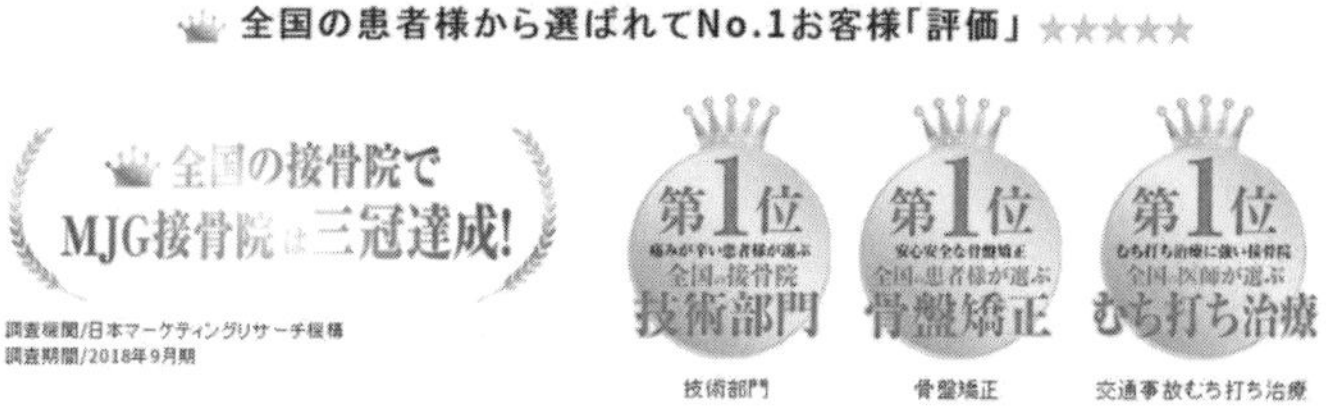

出所：埼玉県県政ニュース「接骨院を経営する事業者に対する措置命令について」2019年11月18日

２つ目は、全国で約１８０店舗を展開していた接骨院チェーン。「全国の患者が選ぶ安心安全な骨盤矯正 第1位」「全国の医師が選ぶむち打ち治療に強い接骨院 第1位」といった広告表記（**図4**）が、客観性が確保されているとはいえないと判断され、19年11月に措置命令が下った。このほかにも、独自プログラムで体脂肪が減少といった表記が抵触した。（＊5）措置命令で信用低下を招いたこの接骨院チェーンは、20年4月に自己破産申請に至っている。（＊6）

３つ目は、家庭教師の派遣会社。「お客様・料金・第一志望校合格」の３部門で満足度第1位と広告に表記していたが、顧客に対する調査ではなく、ネット上で収集したイメージ調査の結果であった。ほかにも登録教師数を過大に掲載していたことなどが景表法に抵触し、20年9月に措置命令が下った。（＊7）

現実離れしたNo.1アピールには、不信感を抱いた消費者から地域の消費生活センターや日本広告審査機構（JARO）に問い合わせが寄せられる。競合他社も黙ってはいない。そこで調査が入って、根拠となるアンケート類の客観性、妥当性を示せなければ、景表法に抵触、指導や措置命令が下る、という流れになる。

今回のJMRAの抗議は一見すると、非公正なNo.1調査を手掛ける一部調査事業者に対する怒りの声明に映るが、抗議状という強い表現で公表したのは、「安易なNo.1調査を依頼する企業、それを真に受けてしまう消費者に向けても啓発を促したい」（JMRA事務局）という考えがある。調査業界内の閉じた話ではなく、No.1表記に飛びつきがちな一般事業会社にも突きつけられている課題といえる。

一方で、自社がどのジャンルでNo.1を取れるか、目指せるか、STP（セグメンテーション・ターゲティング・ポジショニング）分析をすること自体は、マーケティングの基本中の基本だ。No.1調査が悪者なのではなく、問題は「不当な」No.1調査であり、まっとうなNo.1調査は必要なことだ。公正な調査と非公正な調査の線引きを示すために、JMRAは22年5月、「ランキング広告表示に使用する調査データ開示ガイドライン」と「比較広告のための調査実施の手引き」を公開。協会加盟各社にガイドラインに沿った運用を求めた。

いいかげんなNo.1表記があふれることで調査そのものに対する信頼性が失われれば、多額の予算をかけて公正に調査した結果まで疑いの目で見られかねない。厚生労働省や国土交通省で統計不正が明るみに出ている昨今、調査不信がこれ以上進まぬよう、調査機関のリサーチ会社と依頼側の一般企業の双方で改善していく必要がある。

公正な調査とは？

JMRAが不当なNo.1調査に抗議の声を上げてから約4カ月が経過した22年5月、NHKが「クローズアップ現代」で「氾濫する〝No.1広告〟のカラクリ」と題して、実態とはかけ離れた人気No.1の〝つくり方〟などを取材して放映し、視聴者に啓発を促した。JMRAの抗議は事態の改善に向けて進もうとしている。

不当な手口は論外として、では公正な調査とはどのようなものか？　公正に調査をすれば「正しいNo.1企業」が導き出されるのか？　話はそう簡単ではない。

例として、携帯電話の満足度調査を挙げる。満足度調査の調査元には、オリコン、日本生産性本部内のサービス産業生産性協議会が実施している日本版顧客満足度指数（ＪＣＳＩ）、ＮＴＴコム オンライン・マーケティング・ソリューション（東京・品川）のＮＰＳベンチマーク調査などがあるが、結果はバラバラであるケースが多い。

・21年12月発表オリコン調査　携帯キャリア満足度1位は楽天モバイル（**図5**）
・21年8月発表ＪＣＳＩ　携帯電話顧客満足スコア1位はワイモバイル（**図6**）
・21年11月発表ＮＰＳ調査　大手携帯キャリア部門1位はＮＴＴドコモ（**図7**）

オリコン調査は、ＮＴＴドコモ、au、ソフトバンク、楽天モバイルの4キャリアについて、過去1年以内に新規契約・機種変更・乗り換えのいずれかを行って現在メインで利用しているユーザーを対象に満足度調査を実施している。評価項目は、「加入手続き」「初期設定のしやすさ」「料金プラン」「端末のラインナップ」「コストパフォーマンス」「付帯サービス」「つながりやすさ」「サポートサービス」「保証サービス」の全9項目。楽天モバイルは6項目でトップ評価。特に料金プランでは2位以下に大差をつけた。他者への推奨意向

図5 2021年オリコン顧客満足度調査「携帯キャリア」総合1位は楽天モバイル(*8)

総合順位	サービス名	総合得点
1位	楽天モバイル	68.5
2位	docomo	65.3
3位	SoftBank	63.3
4位	au	63.2

項目	1位	2位	3位	4位
加入手続き	楽天モバイル 72.5	docomo 67.2	SoftBank 66.7	au 66.2
初期設定のしやすさ	楽天モバイル 70.6	docomo 67.0	SoftBank 66.5	au 66.3
つながりやすさ	docomo 71.0	au 69.1	SoftBank 67.8	楽天モバイル 66.9
料金プラン	楽天モバイル 72.8	docomo 63.9	SoftBank 63.3	au 62.6
端末のラインナップ	楽天モバイル 65.6	docomo 64.8	SoftBank 64.4	au 63.6
コストパフォーマンス	楽天モバイル 69.5	docomo 64.7	SoftBank 63.9	au 63.4
サポートサービス	docomo 64.0	SoftBank 62.7	楽天モバイル 62.7	au 62.6
付帯サービス	楽天モバイル 70.5	docomo 67.5	SoftBank 65.8	au 65.3
保証サービス	docomo 64.1	楽天モバイル 63.1	SoftBank 62.9	au 62.6

図6 2021年度「JCSI」携帯電話部門の顧客満足スコア1位はワイモバイル(*9)

携帯電話　7企業・ブランド

	顧客期待	知覚品質	知覚価値	顧客満足	推奨意向	ロイヤルティ
1	61.8 ドコモ(スマホ)	63.3 ドコモ(スマホ)	62.8 Y!mobile(スマホ)	65.8 Y!mobile(スマホ)	61.3 ドコモ(スマホ)	62.5 ドコモ(スマホ)
2	Y!mobile(スマホ)	Y!mobile(スマホ)	au(ケータイ等)	62.2 ドコモ(スマホ)	Y!mobile(スマホ)	Y!mobile(スマホ)
3	ドコモ(ケータイ等)	ドコモ(ケータイ等)	ドコモ(ケータイ等)	60.5 ドコモ(ケータイ等)	ドコモ(ケータイ等)	au(スマホ)
4	au(ケータイ等)	au(ケータイ等)	ソフトバンク(ケータイ等)	60.4 au(ケータイ等)	au(スマホ)	ドコモ(ケータイ等)

図7「NPSベンチマーク調査 2021」(大手携帯キャリア)1位はNTTドコモ(*10)

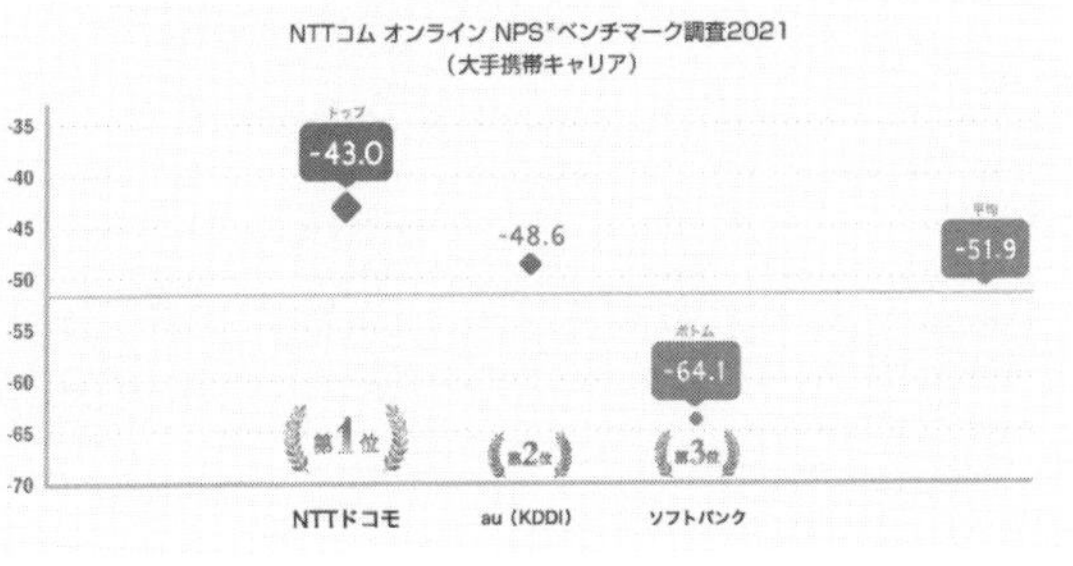

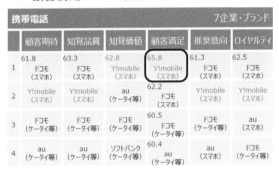

も加味した総合得点で68・5点を獲得し、ランキング1位になった。

楽天モバイルを調査対象から外すケースも

ワイモバイルを1位としたＪＣＳＩの21年調査では、実は楽天モバイルはランキング対象外だった。ＪＣＳＩの担当者によると、「携帯キャリアとＭＶＮＯ（仮想移動体通信事業者）のカテゴリー再編成を検討中で、21年度はその準備段階として、楽天モバイルとＵＱモバイルは参考調査にとどめた」という。ワイモバイルは6年連続の1位だったが、楽天モバイルに打ち勝っての1位ではなかった。

ＮＰＳ調査も楽天モバイルは調査対象外だった。結果掲載ページには次の注記がある。「ＮＰＳベンチマーク調査２０２１大手携帯キャリア部門では、調査対象企業数は4社ですが、楽天モバイルは1年間無料キャンペーン適用の利用者が含まれることから、本年のランキング対象は3社としています。次年度以降、4社をランキングの対象とすることを予定しています」。（※23年5月時点で次回の調査結果は公開されていない）

1年という長期にわたって無料キャンペーンを展開し、その恩恵を受けている最中の利用者が多数いる楽天モバイルを、調査対象から外すべきか否か。これは考えが割れるところだ。料金という重要項目で負担感が大きく異なる利用者の評価をそのまま数値化して、比較してよいのか、懸念はある。

もちろん、無料キャンペーンに魅力を感じて選んだ利用者を調査対象に含めることが不当なわけでもない。調査対象にすることで、キャンペーンの影響力や、楽天モバイル利用者がキャリア選びで重視するポイントなどを把握できる。対象から外すのも一つの見識、そのまま調査するのもまた一つの見識だ。

調査対象企業の違い、調査項目や採点方法の違いなどによって人気・満足度ランキングの結果が変わるのは、非公正なNo.1調査を完全に排除できたとしても残り続ける。

JMRAが22年4月に開催した、「持続可能な『No.1調査』のあるべき姿とは?」と題した有識者パネルディスカッションでも、調査によってNo.1事業者が異なる事例は話に挙がった。パネリストの1人であるトランスコスモス・アナリティクス（東京・豊島）取締役エグゼクティブフェローの萩原雅之氏は、「どんな調査をしてNo.1になっているのか、情報を開示して調べられるようにしておくことが大切」と説く。

図8 楽天モバイルの「良い点」として、無料キャンペーンを挙げた回答者が多かった

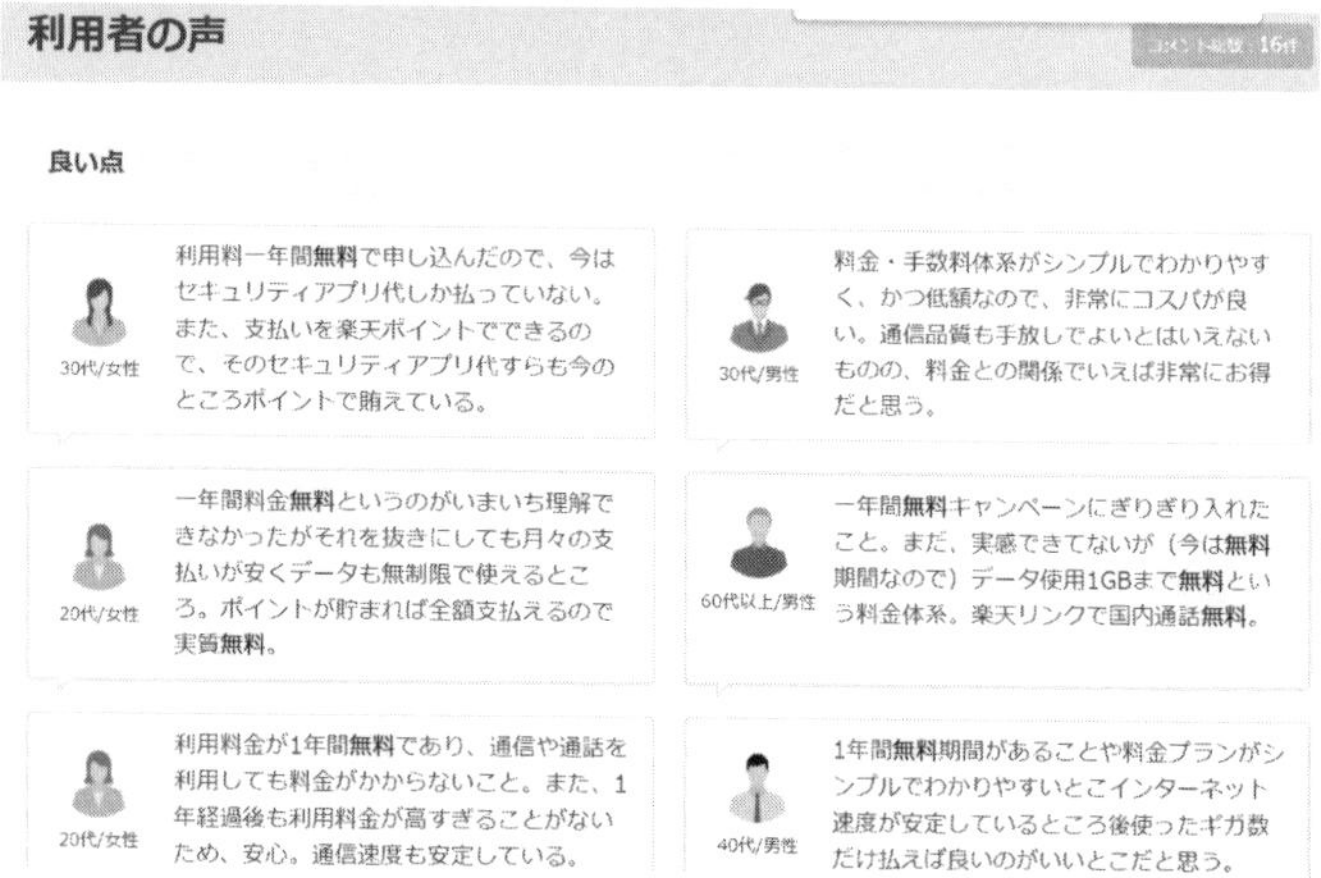
利用者の声
良い点
30代/女性
利用料一年間無料で申し込んだので、今はセキュリティアプリ代しか払っていない。また、支払いを楽天ポイントでできるので、そのセキュリティアプリ代すらも今のところポイントで賄えている。
30代/男性
料金・手数料体系がシンプルでわかりやすく、かつ低額なので、非常にコスパが良い。通信品質も手放しでよいとはいえないものの、料金との関係でいえば非常にお得だと思う。
20代/女性
一年間料金無料というのがいまいち理解できなかったがそれを抜きにしても月々の支払いが安くデータも無制限で使えるところ。ポイントが貯まれば全額支払えるので実質無料。
60代以上/男性
一年間無料キャンペーンにぎりぎり入れたこと。まだ、実感できてないが（今は無料期間なので）データ使用1GBまで無料という料金体系。楽天リンクで国内通話無料。
20代/女性
利用料金が1年間無料であり、通信や通話を利用しても料金がかからないこと。また、1年経過後も利用料金が高すぎることがないため、安心。通信速度も安定している。
40代/男性
1年間無料期間があることや料金プランがシンプルでわかりやすいとこインターネット速度が安定しているところ後使ったギガ数だけ払えば良いのがいいとこだと思う。

実際、オリコンの顧客満足度ランキングのページで楽天モバイルの「評判・口コミ」を見ると、利用者の声で「良い点」として、多くの人が無料キャンペーンに言及している（**図8**）。一方で、「つながりやすさ」は楽天モバイルが4キャリア中4位だったことも分かる。自社のプラス面をアピールする広告では総合満足度No．1を強調するのは当然だが、このように情報が開示されていれば、特に何が評価されてのトップなのか、弱点はないかなど、消費者が把握できる。

人気調査や満足度調査を行うに当たっては、調査主体が調査手法を公開し、自社Webサイトや広告でNo．1をアピールする際は調査手法ページにリンクを張るなど、情報開示が行き届くようになることを望みたい。それが不当な調査を排除し、複数の人気No.1企業が登場した際も消費者の混乱を回避することにつながる。

(*1) 非公正な「No.1調査」への抗議状　日本マーケティング・リサーチ協会
(*2) No.1表示に関する実態調査について(概要)　公正取引委員会
(*3) 「No.1表示」の広告等に関する意識調査　マクロミル
(*4) 葛の花由来イソフラボンを機能性関与成分とする機能性表示食品の販売事業者9社に対する景品表示法に基づく課徴金納付命令について
株式会社ステップワールドの表示の概要　表示媒体
(*5) 接骨院を経営する事業者に対する措置命令について　埼玉県
(*6) 倒産速報記事　帝国データバンク
(*7) 家庭教師派遣事業者に措置命令を行いました　埼玉県
(*8) オリコン顧客満足度ランキング　おすすめの携帯キャリアランキング・比較
https://life.oricon.co.jp/rank-mobile-carrier/
(*9) 2021年度 JCSI(日本版顧客満足度指数)第1回調査結果
https://www.jpc-net.jp/research/detail/005397.html
(*10) NPSベンチマーク調査 2021【大手携帯キャリア】
https://www.nttcoms.com/service/nps/report/mobile-service/

1-2

有名タレント広告＝有名大手企業、とは限らず月額制タレント広告サービスが続々登場

サブスクリプション（定額課金）、シェアリングサービスの波が広告の世界にも。有名タレントを起用した広告を、月額制で大幅に安く利用できるサービスが続々。著名人を起用しているから大手・有名企業という判断はできなくなった。

有名タレントを自社の広告に起用しようとすれば、数千万円規模からの高額な広告契約料がかかるのが一般的だ。中小企業はもちろんのこと、中堅・大企業でも売り上げ規模が小さい商品・サービス群であれば独自の広告キャラクターを立てるのは難しい。

ある意味当たり前で最初から諦めていた有名タレント広告の世界に今、サブスクリプション&シェアリングサービスの導入で利用のハードルを格段に下げるタレント広告サービスが続々と登場している（**図1**）。

利用できるのは、契約タレントの写真（肖像）素材。広告・販促・PR素材として使えそうなポーズを有名タレントに取ってもらい、多数撮影してストック。利用企業は月額制で

図1 月額制のタレント広告サービスが続々

タレント写真を月額制で広告に利用できるサービスが相次いで登場している（画像／「アクセルジャパン」「中小企業からニッポンを元気にプロジェクト」のバナーから）

ストックの中からタレント写真を選んで自社サイトやポスター、販促物などに掲載できる。タレントが自社の商品を手に取って利用しているシーンは難しいが、商品画像の横でほほ笑んだり、キャッチコピーや問い合わせ先を指さしたりといった広告クリエーティブを制作する分には十分対応可能だ。

月額の相場は30万～50万円台が一般的。年間でも数百万円で収まるのだから、従来の10分の1の予算でタレント広告が可能になったといえるだろう。数千万円の広告料を一括で払うことなど多数の企業にとって不可能だったが、月数十万円のサブスクモデルと肖像のシェアリングの組み合わせによって、高根の花だったタレント広告が一気に現実的な選択肢になってきた。

サブスク広告1号タレントはロンブー淳

サブスク型タレント広告サービスが登場したのは2021年1月。新型コロナウイルス禍で始まった新しいサービスだ。そのパイオニア的存在が、中小企業のチカラ（東京・渋谷）が運営する「中小企業からニッポンを元気にプロジェクト」。その名の通り中小企業支援プロジェクトで、タレント写真サブスクは目玉サービスではあるが、支援サービスの1つという位置づけだ。

就活支援サイト「ジョブコミット」などを運営する人材サービス業のリアステージ（東京・渋谷）がサービスを立ち上げ、その事業を分社化して中小企業のチカラが運営元となっている。中小企業1社が広告に投下できる予算は少額だが、企業を多数集めれば多額になる。一方でタレント素材は写真ストックサービスのように契約者が利用できる形にすれば、タレント側も新たな撮影の負荷なく利用料が入る。同社がこのモデルをロンドンブーツ1

号2号の田村淳に持ちかけ、賛同を得たことから、ロンブー淳を1号タレント（公式アンバサダー）としてサービスを開始した。

以降、半年単位で第2期、第3期とタレントを拡充しながら加入企業を募集し、参画企業は22年末で６００社を超えた。23年４月時点で11人のタレント活用広告の掲載が可能。そのほか、経営者同士のビジネスマッチングイベント、「日本中小企業大賞」の開催、中小企業単独では難しいＳＤＧｓ（持続可能な開発目標）の活動および情報発信の支援などのプログラムを持つ。

オンラインアウトレットモール「スマセル」は同プロジェクトの参画企業で、日本中小企業大賞において「ＳＤＧｓ賞 最優秀賞」を2年連続受賞している。現在は公式アンバサダーの紗栄子を広告画像に利用している。

ヒロミが経産省のYouTubeチャンネルに登場

中小企業からニッポンを元気にプロジェクトには、競合する後発サービスが登場している。旅行電子雑誌「旅色」を発行するブランジスタメディア（東京・渋谷）と同じブラン

図2 ヒロミが経産省のYouTube動画に登場

経済産業省、中小企業庁が「アクセルジャパン」のサービスを利用。ヒロミが経産省のYouTubeチャンネルに登場している

ジスタ傘下のブランジスタエール(東京・渋谷)が運営する「アクセルジャパン」だ。

旅色で培った俳優を同伴しての撮影、タレント写真を活用したコンテンツ制作ノウハウなどを生かし、22年10月にサービスを開始した。タレント写真の提供以外に、経営者の学びの場としてブランジスタの親会社であるネクシィーズグループの社長が代表を務める経営者交流団体「パッションリーダーズ」と連携し、著名人の講演会や経営者とのビジネスマッチングイベントといった企画にも参加できる。

写真を利用できるタレント(アンバサダー)は、ヒロミ、名倉潤、佐藤隆太、板野友美など。料金は月35万円から。写真に加えて動画素材にも力を入れているのが特徴だ。7人のアンバサダーそれぞれに20パターン以上の動画素材を提供している。

同社は中小企業庁の「令和4年度中小企業施策の広報物の制作等事業」を受託し、同庁が提供する中小企業施策の存在を多くの中小企業にPRするコンテンツ制作を手掛けている。経済産業省のYouTubeチャンネルでは、アンバサダーのヒロミが「新規輸出1万者支援プログラム」や「インボイス制度」「賃上げ応援」などのPR動画に登場（**図2**）。22年10月のサービス開始から数カ月で、「経済産業省／中小企業庁がアクセルジャパンを採用」という実績を上げ、勢いに乗っている。

「ゲッツ！」で成約率1.72倍

タレントのキャスティングを本業とするエイスリー（東京・渋谷）が21年12月に開始したタレント写真のサブスクサービスが「タレントストック」。料金はタレントによって幅があり、月10万～100万円。契約期間は3カ月、6カ月、12カ月から選択する。選べるタレントは約60人。タレント1人につき約30バリエーションのスチール素材を用意している。タ

図3 有名人起用で成約率向上

ダンディ坂野を起用したランディングページ

レント写真を利用した広告クリエーティブに「タレントストック」のクレジット記載は不要だが、利用用途はWebサイト、バナーなどWebプロモーションのみに限定している。

タレントストックを利用するWebコンサルティング会社のサイズブック（東京・港）は、リスティング広告からのランディングページに「ゲッツ！」の定番フレーズでおなじみのタレント、ダンディ坂野を起用（**図3**）。そこからの問い合わせ獲得件数を、タレントを起用しない場合と比較すると、コンバージョン（成約率はタレント広告「あり」が「なし」の1・72倍に上ったという。

タレント広告の効力は今後いかに？

月額制のタレント広告サービスが一気に増えたことで、中小・中堅企業にとって広告展開の選択肢と可能性が広がったことは朗報だ。一方、こうしたサービスの普及で仮に有名タレントの広告が増えた場合、タレント起用効果は変わらず維持されるのか。その推移も見守りたいところ。

一般消費者としては、広告に有名タレントを起用しているからといってその会社が広告に数千万円を投じる予算規模を持つ大手企業とは必ずしも限らない時代になっていることは知っておきたい。サブスク型タレント広告サービス運営各社は、企業との契約に際して、アダルトやギャンブル、出会い系サービスなどは提供対象外としているところが大半で、タレントによってもNGの範囲は異なる。一方で、アフィリエイト事業者などがこうしたサービスを利用している例も見られる。いずれにしてもタレントのイメージに判断を振り回されないようにしたい。

第2章

世界vs日本…
国際比較調査の
落とし穴

2-1

諸外国と比べて日本はこんなにダメという誤解 選択肢の「真ん中」選ぶ日本人のクセが低評価に

世界各国と日本の違いなどを浮き彫りにする国際比較調査。意識調査では、日本が世界標準から取り残されたような数字が出ることがある。回答層の違い、翻訳ニュアンス、そして日本人特有の回答傾向も結果に影響する。

「熱意ある社員」6％のみ　日本132位――。2017年5月、世論調査や人材コンサルティングを手掛ける米ギャラップが実施した従業員のエンゲージメント（仕事への熱意度）調査の結果が日本経済新聞で報じられた。調査した139カ国中132位と最下位クラスだというのだから、記事の反響は大きかった。SNSでツイートされた感想の多くは、社員のモチベーションの低さが日本の低成長の元凶だと指摘したり、俗に言う「働かないおじさん」をなじったりといった具合。あたかも自分は熱意ある6％の社員であるかのような口ぶり（ツイートぶり）であるところも興味深い。

本当に日本人従業員はそこまで堕落してしまったのか？　その謎を解くうえで、やや遠

図1 0から10の11段階で評価するアンケート

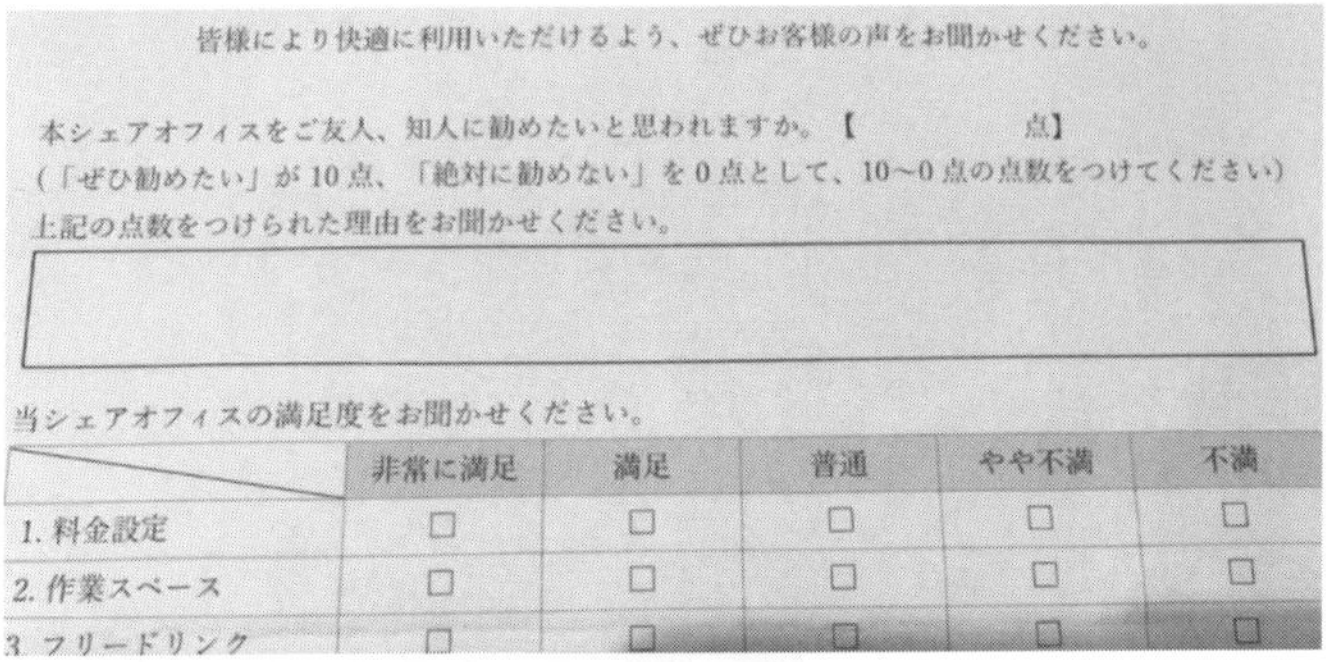
皆様により快適に利用いただけるよう、ぜひお客様の声をお聞かせください。

本シェアオフィスをご友人、知人に勧めたいと思われますか。【　　　点】
（「ぜひ勧めたい」が10点、「絶対に勧めない」を0点として、10〜0点の点数をつけてください）
上記の点数をつけられた理由をお聞かせください。

当シェアオフィスの満足度をお聞かせください。

	非常に満足	満足	普通	やや不満	不満
1. 料金設定	□	□	□	□	□
2. 作業スペース	□	□	□	□	□
3. フリードリンク	□	□	□	□	□

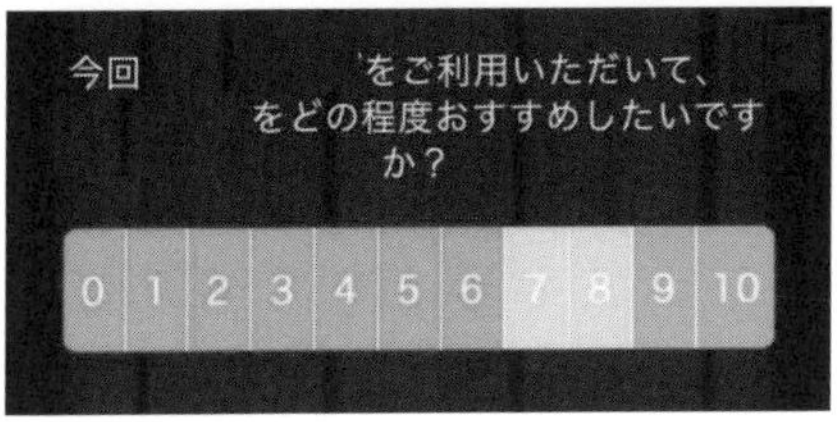

顧客アンケートにNPSを採用するケースが増えている

回りになるが、近年よく見かけるようになったアンケートの話から始めたい。

最近よく見かける11段階アンケート

過日、筆者宅の最寄り駅近くにシェアオフィスがオープンしていたため利用してみた。受付を済ませて手渡されたのが1枚のアンケート用紙。最初の設問はこんな内容だった（**図1上**）

「本シェアオフィスをご友人、知人に勧めたいと思われますか。」

図2 NPSの算出式

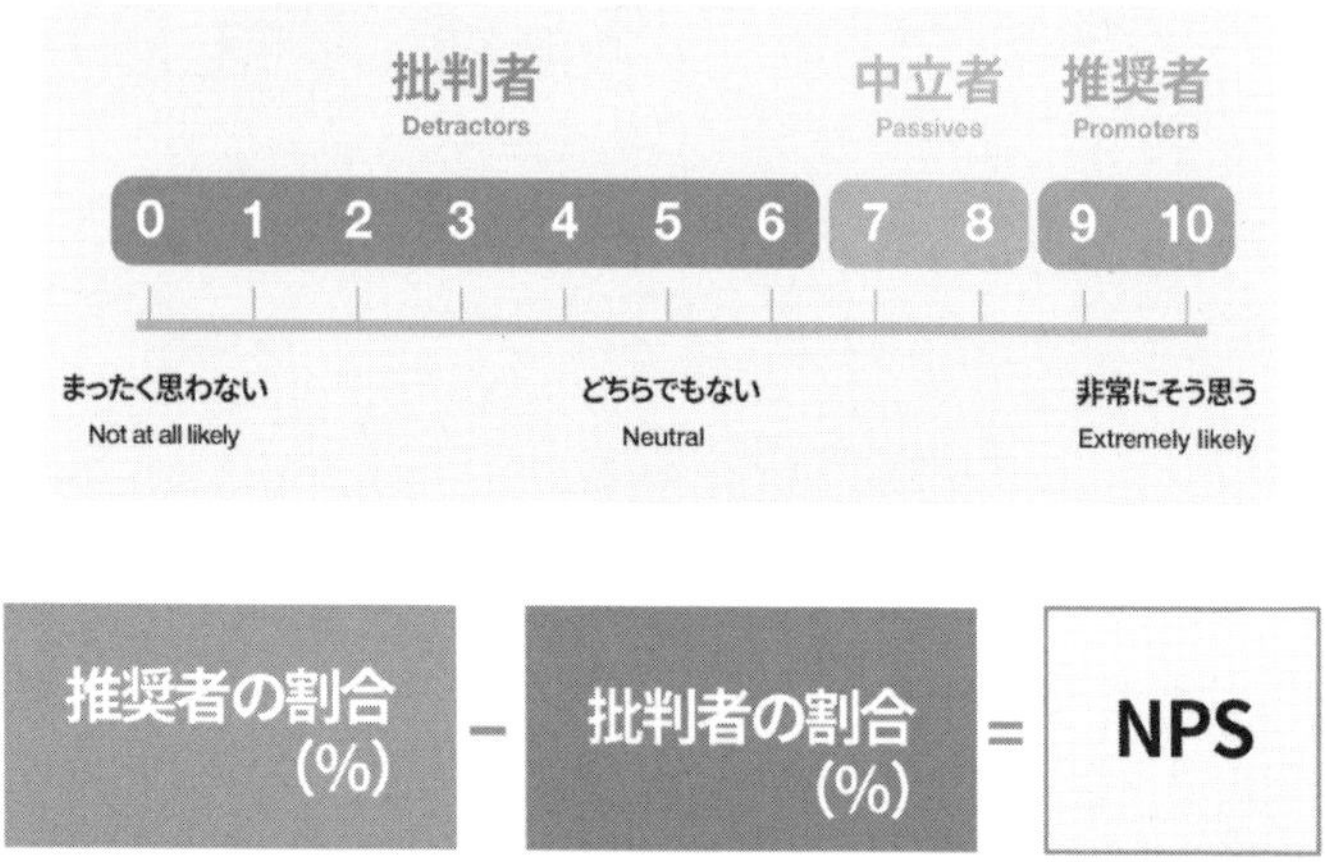

推奨者の割合から批判者の割合を引き算して求める

（「ぜひ勧めたい」が10点、「絶対に勧めない」を0点として、10〜0点の点数をつけてください）

　アンケートに回答して帰宅後、出前を頼もうとスマートフォンからデリバリーを注文すると、「お客さまアンケートにご協力ください」と題したメールが届いた。指定時刻に届いたデリバリーランチを食べ終えてアクセスすると、そのアンケートは先ほどのシェアオフィスと同様のスタイルだった（**図1下**）

　この手のアンケートを近年、よく見かけるようになった。「ネット・プロモーター・スコア」（NPS、Net Promoter Score）と呼ばれる調査形式だ。

NPSは、友人、知人にその商品をお薦めしたいと思うかどうか、すなわち推奨意向を尋ねることで顧客ロイヤルティーを測る指標だ。0から10までの11段階で対象商品・サービスの推奨意欲を回答してもらい、回答者のうち9～10点を付けた人（推奨者）の割合から、0～6点を付けた人（批判者）の割合を引き算した値を算出する（**図2**）

顧客アンケートでよくあるのは、商品・サービスに満足したかどうかを聞く、顧客満足度調査だ。もちろん今もよく利用されている設問だが、「満足している」と回答した顧客が他社商品・サービスに乗り換えてしまうことも珍しくはない。その点、NPSで高い点を付ける、すなわち身近な人に自信を持って薦めたいと思うほど気に入っている場合、当人は末永くリピーターとなり、リアルで信頼できる友人からの好意的なクチコミは新たな顧客を引き連れてくることにつながる。したがって、NPSがハイスコアであればおのずと業績が伸びるという理屈で、経営指標として導入が進んできた。

購入の意思決定に友人からのクチコミが大きく影響し、また売り上げ全体の8割をもたらす2割の優良顧客を大事にする必要性を説く「ファンベース」思考が支持される現在、NPSは時代にマッチした指標であることは確かだ。

ただ一方で、NPS特有の扱いづらさもある。ここではNPS活用の盲点と題して、NPS

の難点を指摘しておきたい。

マイナス2桁スコアが当たり前

上述の通り、NPSは9～10点を付けた推奨者の割合から0～6点を付けた批判者の割合を引いて求める。推奨者が30％、7～8点を付けた中立者が50％、批判者が20％という分布であれば、NPSは30から20を引いた＋10となる。

だが、国内でプラスのスコアが出るケースは珍しい。NPSを導入した企業の大半が、マイナス2桁という見慣れないスコアに少なからぬショックを受けることになる。**図3**はNPSの導入支援を手掛けるNTTコム オンライン・マーケティング・ソリューション（東京・品川）が実施している業界別のNPSベンチマーク調査の結果だ。

20年に実施した調査によると、業界平均のNPSは最高のネットスーパーでもマイナス19.7。同業界でトップスコアだったライフネットスーパーがかろうじて3.1とプラスの値を出した。他業界はトップ企業であろうとNPSはマイナスである。代理店型の自動車保険や大手携帯キャリア、対面型の証券会社に至っては、トップスコアの企業でもマイナ

図3 NTTコム オンラインの業界別NPS調査結果（2020年）

業界	NPSトップ企業	トップ企業のNPS	業界平均NPS
ネットスーパー	ライフネットスーパー	3.1	-19.7
動画配信サービス	Netflix	-4.4	-24.6
カーシェアリング	タイムズカーシェア	-5.9	-19.7
セキュリティソフト	ESET	-10.2	-26.1
アパレルECサイト	ZOZOTOWN	-13.3	-21.7
電力	楽天でんき	-18.7	-44.8
ダイレクト型自動車保険	ソニー銀行損害保険	-20.2	-28.6
転職関連サイト	indeed	-21.1	-42.6
MVNO・サブブランド	mineo（マイネオ）	-21.3	-28.5
転職エージェント	ジェイエイリクルートメント	-22.2	-37.5
銀行	ソニー銀行	-24.5	-46.5
都市ガス	ENEOS都市ガス	-34.4	-48.2
ネット証券	GMOクリック証券	-35.0	-39.9
生命保険	アフラック	-37.1	-49.5
不動産管理会社	住友不動産建物サービス	-37.4	-49.2
クレジットカード	楽天カード	-17.0	-38.6
代理店型自動車保険	東京海上日動火災保険	-40.4	-48.7
大手携帯キャリア	NTTドコモ	-47.0	-52.7
対面証券	大和証券	-56.4	-59.6

出所：「NPS業界別ランキング＆アワード」NTTコム オンライン

ス40〜50台という、〝屈辱的〟な数字が算出される。

スコアの改善は容易ではない

「NPSがマイナス値であることを気にする必要はない。前回のスコアより着実に改善していけばいい」――。マイナススコアでモチベーションが上がらないという声に対して、よくいわれるのがこのアドバイスだ。ごもっともではある。

とはいえ、スコアの改善は実際のところそう簡単ではない。先に挙げたNTTコム オンラインの業界別NPSベンチマークで、3年前の17年実施調査と比べてスコアが大きく改善している業界は、アパレルECサイトのみ。数ポイント改善している業界がある半面、「ほとんど変わらない」「やや悪化」「かなり悪化」している業界もある。

スコアの改善が進みづらい理由は大きく2つある。1つは、推奨者の割合から批判者の割合を引き算するという独特の計算式だ。

図4の得点分布を見ていただきたい。上図が2年前のNPS調査で下図が今回の調査だとしたら、大きく改善しているように見えるだろう。2年前は多数いた0〜3点という低

図4 2年前のNPS回答分布

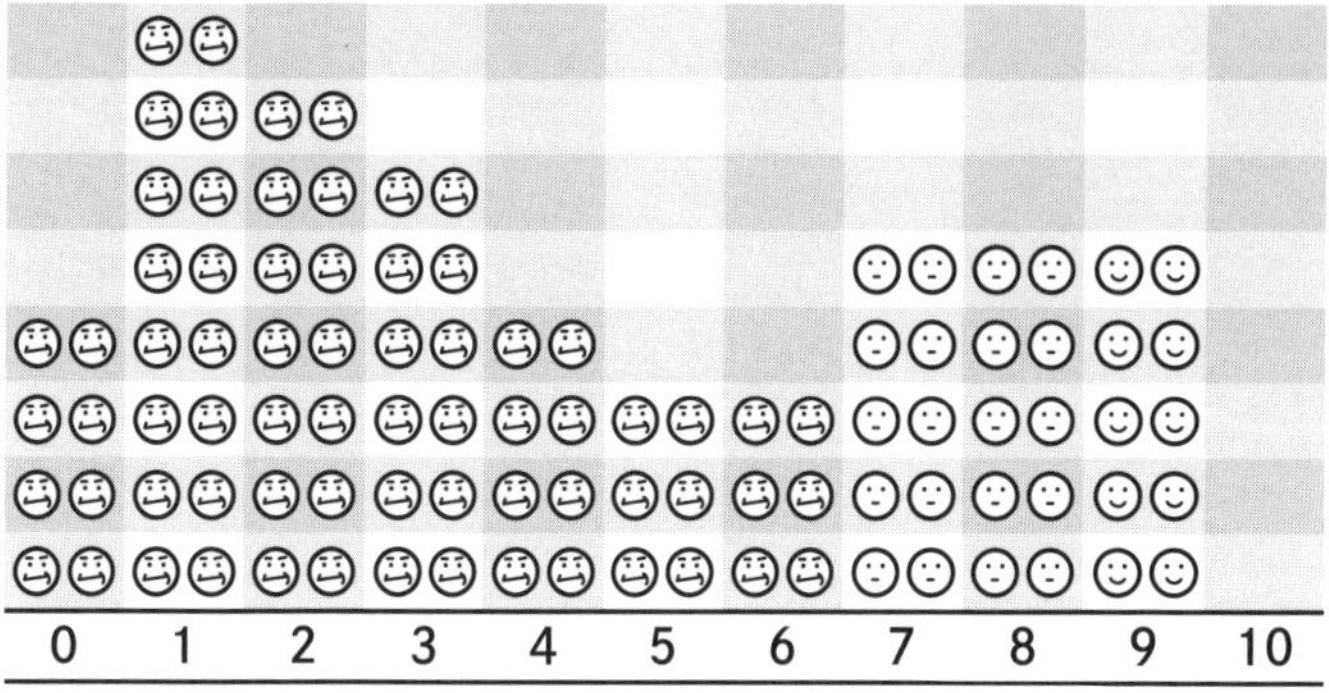

現在のNPS回答分布

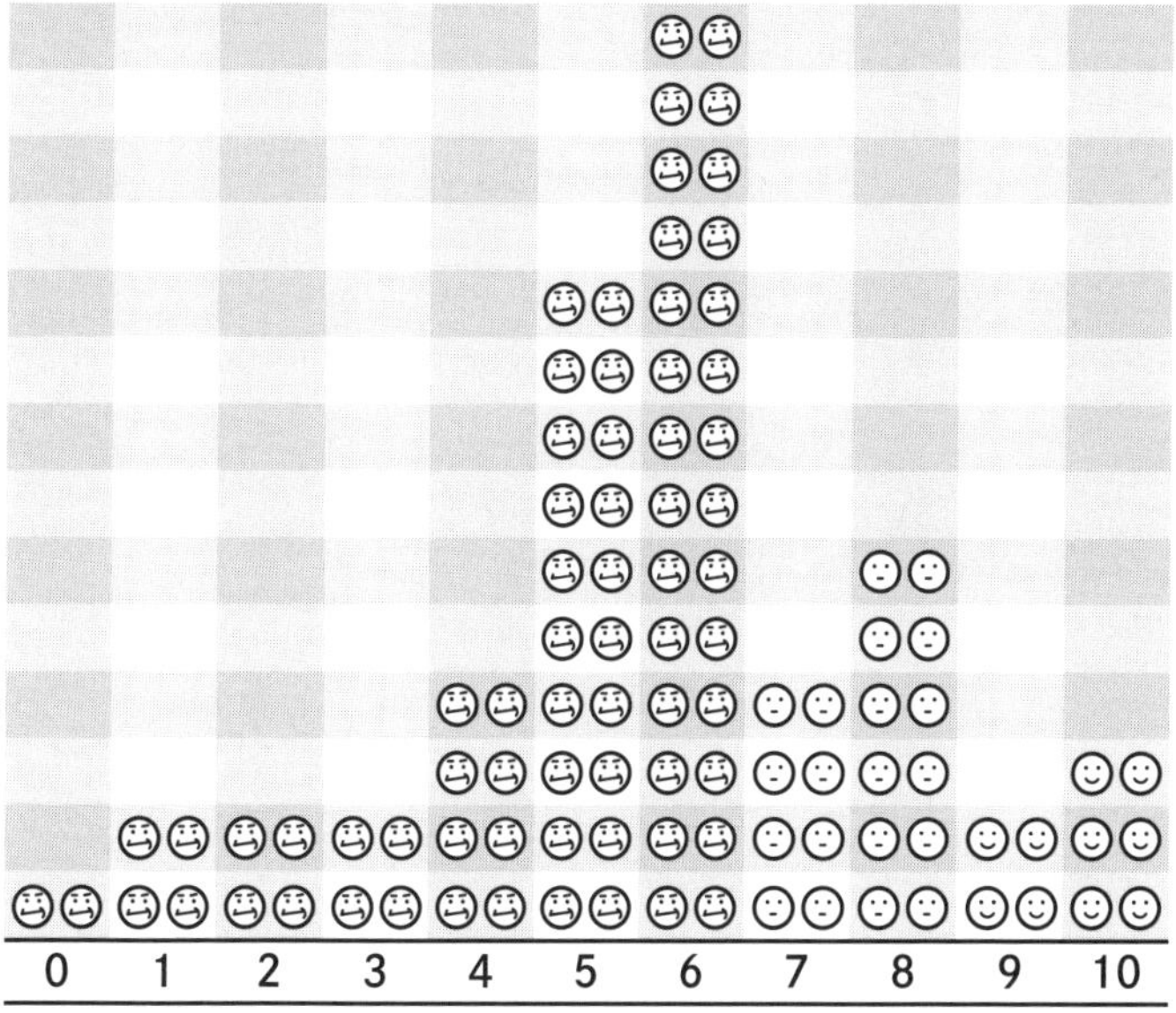

得点分布は大きく異なるがNPSは同じ値

得点を付けていた人が激減し、4～6点に得点の山がシフトしている。サービスを開始して日が浅く態勢が追い付かずに一部顧客に不便が生じたこともあった時期から、改善に取り組んで金額相応のサービスを提供できるようになった――。そんな経緯が見て取れる得点分布の変化である。

だが2年前に比べて大きく改善したように見える今回のNPSは、実は2年前とまったく同じ、マイナス60である。NPSでは0～6点を付けた人が批判者としてカウントされ、その割合が引き算の対象になる。0～3点の山が5～6点に移動しても、批判者の数と率は変わらず、NPSは「変化なし」と扱われることになる。

日本人は「フツー」と思ったら真ん中を選択

スコアの改善が進みづらいもう1つの理由として、日本人独特の回答傾向が挙げられる。これはNPSに限った話ではなく、商品・サービスに対する満足度調査なども含めての話だが、日本人の回答は世界で最も保守的で手厳しいという特徴がある。

図5は、カスタマーエクスペリエンスの管理システムを提供する米メダリアが、世界15

の主要言語グループについて回答傾向の文化的バイアスを数値化したものだ。

北米英語圏である米国を基準値０として、寛容な回答をする傾向があるグループはプラスのエリア、保守的な回答をする傾向があるグループはマイナスのエリアに表記される。ここで日本はマイナス25・24と、圧倒的に低い、すなわち保守的で厳しい回答をするグルー

図5 他国と比べると、日本の回答は群を抜いて保守的で厳しい

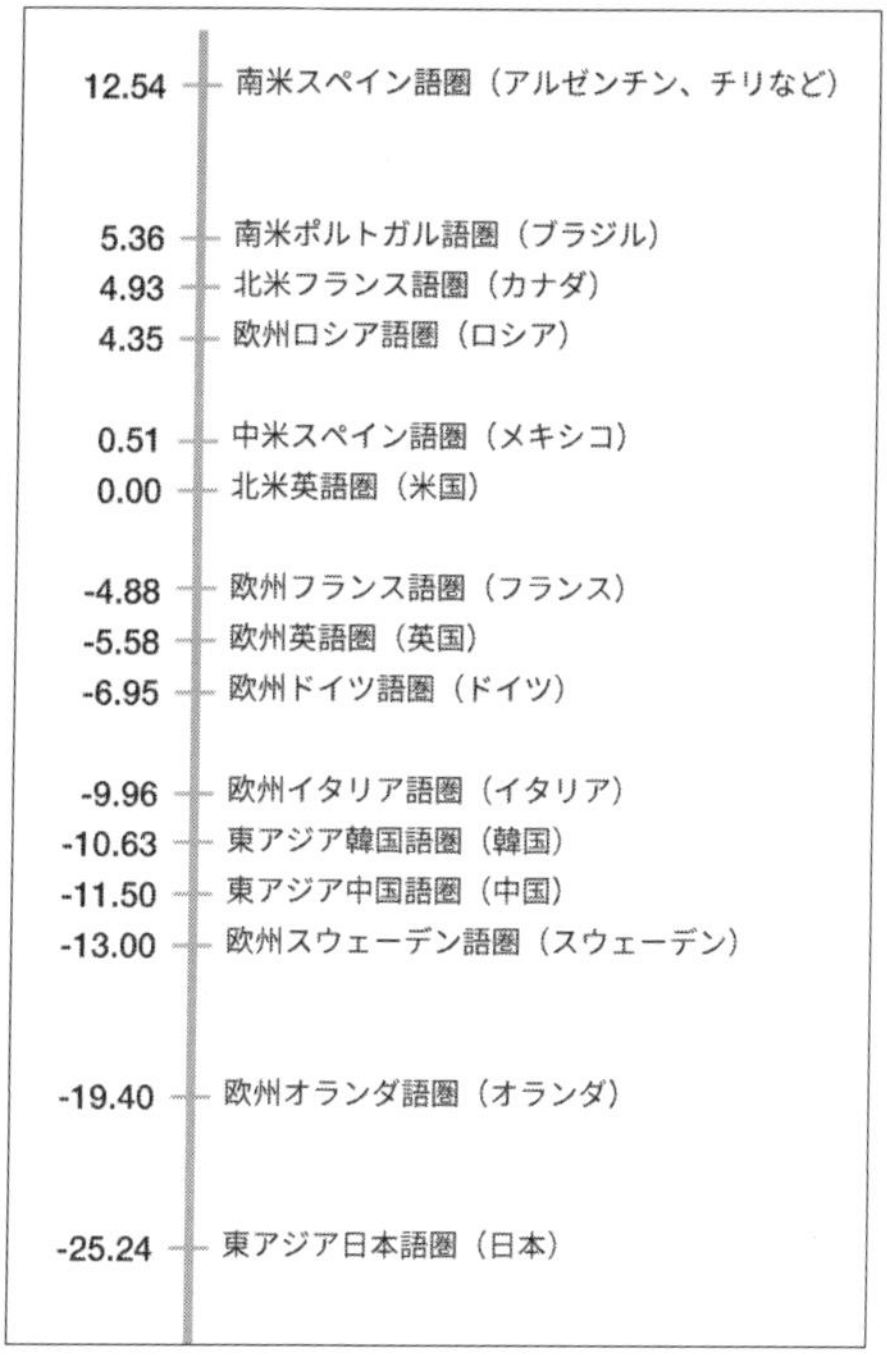
12.54 南米スペイン語圏（アルゼンチン、チリなど）
5.36 南米ポルトガル語圏（ブラジル）
4.93 北米フランス語圏（カナダ）
4.35 欧州ロシア語圏（ロシア）
0.51 中米スペイン語圏（メキシコ）
0.00 北米英語圏（米国）
-4.88 欧州フランス語圏（フランス）
-5.58 欧州英語圏（英国）
-6.95 欧州ドイツ語圏（ドイツ）
-9.96 欧州イタリア語圏（イタリア）
-10.63 東アジア韓国語圏（韓国）
-11.50 東アジア中国語圏（中国）
-13.00 欧州スウェーデン語圏（スウェーデン）
-19.40 欧州オランダ語圏（オランダ）
-25.24 東アジア日本語圏（日本）

満足度回答の傾向を数値化。寛容度が高いほどプラス、保守的・シビアであるほどマイナスとして世界比較したもの
出所：Medallia - Cultural Bias and the Customer Experience

プであることが示されている。

「日本人は厳しい回答をする」といわれても、大半の人はその自覚はないだろう。低いスコアが出るのは、決して日本人が批判的にものを見て辛口の採点をするからではない。日本人は「可もなく不可もなく」「フツー」と感じた場合、選択肢の真ん中を選びがちである。

消費者向けのアンケートを実施した場合、「そう思う」「ややそう思う」「どちらとも言えない」「あまりそう思わない」「思わない」という5段階の選択肢を用意すると、「そう思う」「思わない」という断定調の選択肢は選ばれづらく、真ん中の「どちらとも言えない」の選択者が多くなる。アンケートを取ったことがある人はそんな経験をしているはずだ。日本人が中間回答、曖昧回答を好む傾向があることについては、いくつか論文も出ている。

一方、他国は総じて、特に問題なく利用できた商品・サービスに対して高めの点を付ける。特に南米は高く付ける傾向があり、東アジア圏はやや日本に近い、中間回答の傾向がいくらかうかがえる。

図6は、PR会社の米エデルマンが公表している「トラストバロメーター」のデータである。同社は、自国の政府や企業、メディアなどに対して国民がどのくらい信頼している

図6 自国政府、メディアのほか、勤務先企業、EU、国連、WHOに対しても日本は信頼度が低い

自国政府への信頼度

		信頼度（%）
1	中国	88
2	サウジアラビア	85
3	アラブ首長国連邦	83
4	インド	77
5	カナダ	57
6	ドイツ	55
7	英国	53
8	フランス	51
9	米国	48
10	韓国	44
10	メキシコ	44
12	ブラジル	37
13	**日本**	**36**
14	南アフリカ	27

メディアに対する信頼度

		信頼度（%）
1	中国	75
2	インド	71
3	サウジアラビア	62
4	アラブ首長国連邦	60
5	メキシコ	57
6	ドイツ	53
7	カナダ	52
8	ブラジル	46
9	米国	45
10	南アフリカ	44
11	英国	40
12	フランス	39
13	韓国	36
13	**日本**	**36**

自分の勤務先に対する信頼度

		信頼度（%）
1	インド	91
2	中国	84
3	サウジアラビア	83
3	メキシコ	83
5	アラブ首長国連邦	80
5	米国	80
7	ブラジル	79
7	ドイツ	79
9	英国	76
10	カナダ	74
11	南アフリカ	72
12	フランス	70
13	韓国	60
14	**日本**	**59**

EUに対する信頼度

		信頼度（%）
1	インド	75
2	アラブ首長国連邦	65
3	メキシコ	62
4	中国	61
5	サウジアラビア	60
6	ブラジル	55
7	カナダ	49
8	フランス	47
8	韓国	47
10	ドイツ	46
11	南アフリカ	44
12	英国	41
13	米国	40
14	**日本**	**38**

国連に対する信頼度

		信頼度（%）
1	インド	82
2	中国	80
3	アラブ首長国連邦	70
4	メキシコ	69
5	英国	61
6	サウジアラビア	60
6	ブラジル	60
8	カナダ	59
9	韓国	56
10	ドイツ	55
11	米国	53
12	フランス	51
13	南アフリカ	50
14	**日本**	**36**

WHOに対する信頼度

		信頼度（%）
1	インド	81
2	中国	80
3	メキシコ	77
4	アラブ首長国連邦	76
5	サウジアラビア	71
6	ブラジル	64
7	カナダ	63
8	英国	62
9	ドイツ	60
10	南アフリカ	59
10	フランス	59
12	米国	54
13	韓国	47
14	**日本**	**35**

出所：「2021 エデルマン・トラストバロメーター 中間レポート（5月版）」

図7 NPSで選択した数字のほぼ3分の1が5点に集中

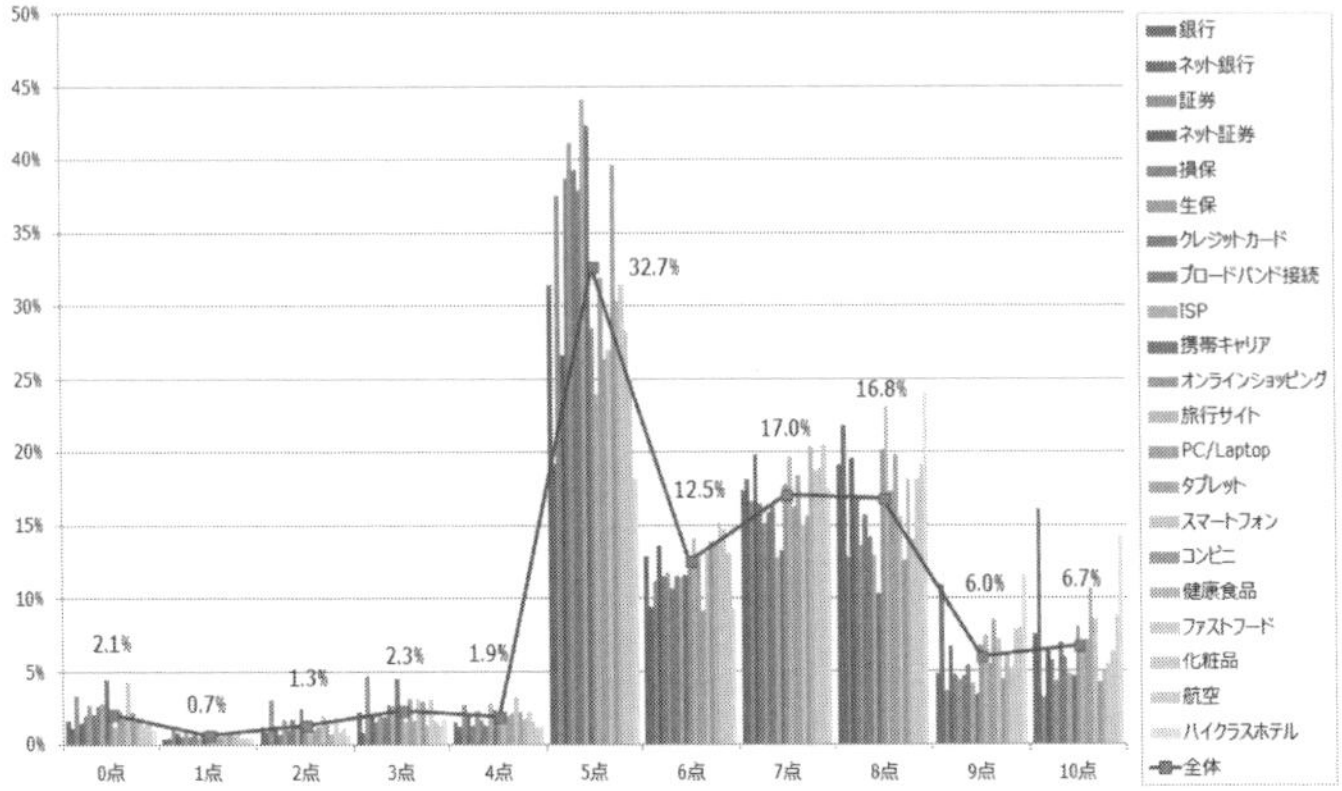

出所：NTTコム オンライン「NPS業界ベンチマーク」（2014年12月実施）の得点（推奨度）分布

かを毎年調査、報告している。

14カ国を対象にした調査で、日本は自国政府、メディア、勤務先企業、欧州連合（EU）、国連、世界保健機関（WHO）のいずれについても国民からの信頼がほぼ最下位と低迷している。この調査は信頼度を1～9の9段階（最高が9、最低が1）で回答してもらい、6～9を付けた人の割合をその国のスコアとしている。したがって真ん中の5を付けた人は「信用していない人」として扱われ、低スコアを招く要因になっている。

トランスコスモス・アナリティクス（東京・豊島）取締役エグゼクティブフェローの萩原雅之氏は、「海外比較調査では、回答に国民性が出るため、結果とその国の実情にズレが生じ得る。その違いを経験則としてデータの解釈に反映するか、あるいは質問を国ごとに最適化するといった対応が求められる」と説明する。

ＮＰＳにもこの回答傾向が当てはまる。商品・サービスに特別の感慨あるいは不満がなければ、０～10の真ん中の数字である5が選択されやすい。**図7**は、ＮＴＴコム オンラインが14年12月に21業種１４０ブランドについて、有効回答数１万３０００人超の規模で実施したＮＰＳ業界ベンチマークの得点分布である。

見ての通り、回答者が選択した数字のほぼ3分の1が5点に集中している。また、推奨意欲はあっても相当の感動、感激が伴わなければ9～10点は選ばれにくく、7～8点に落ち着きやすい。こうして推奨意欲がある人でも中立者にカウントされ、多数派の5点は批判者としてカウントされるため、ＮＰＳのスコアアップはなかなか容易ではない。

ここで冒頭の「『熱意ある社員』6％のみ」の話に戻ろう。調査元のギャラップはどのような調査をしているのか。設問は次の12問だ。

1. 職場で自分が何を期待されているのか理解している
2. 仕事をうまく行うために必要な材料や道具がそろっている
3. 職場で最も得意なことをする機会が毎日ある
4. この7日間のうちに、よい仕事をしたと認められたり、褒められたりした
5. 上司または職場の誰かが、自分を一人の人間として気にかけてくれていると感じる
6. 職場の自分の成長を促してくれる人がいる
7. 職場で自分の意見が尊重されていると感じる
8. 会社の使命や目的が、自分は重要な仕事をしていると感じさせる
9. 職場の同僚は、真剣に質の高い仕事をしようとしている
10. 職場に仲の良い友人がいる
11. この6カ月間で、職場で自分の進歩（成長）について話してくれる人がいた
12. この1年間で、職場で学び、成長する機会があった

これら12項目それぞれに、「非常にあてはまる」5点、「ややあてはまる」4点、「どちらとも言えない」3点、「ややあてはまらない」2点、「まったくあてはまらない」1点、「わ

からない」0点の6段階で回答する。エデルマンの「トラストバロメーター」と同様、真ん中に位置する「どちらとも言えない」を選ぶ人が多かったがために、従業員エンゲージが極めて低く出たのだろう。

日本人従業員のモチベーションが低いという調査結果に対しては、モチベーションアップのためのコンサルティング事業がセットで付いてくるが、果たして本当に世界最下位クラスの無気力社員が職場にあふれているのか？　うのみは禁物だ。

日本の低NPSスコアをチューニングして欧米と比較可能に

さて、マイナス2桁のスコアが出て多くの人をガッカリさせるNPSだが、同程度のスコアの国内競合企業に負けないように改善に努める分にはさして支障はない。だが顧客は国内にとどまらず世界に広がるグローバル経営の時代、海外の競合企業とスコアがあまりに開いていると、物差しとしての信頼性に関わってくる。実際、米国でのNPS調査と国内のNPS調査のスコアには著しい乖離がある（**図8**）

例えば航空会社のNPS平均スコアは、米国がプラス40台（米ナイスサトメトリックス

図8 日米の業界別NPSトップ企業のスコア比較

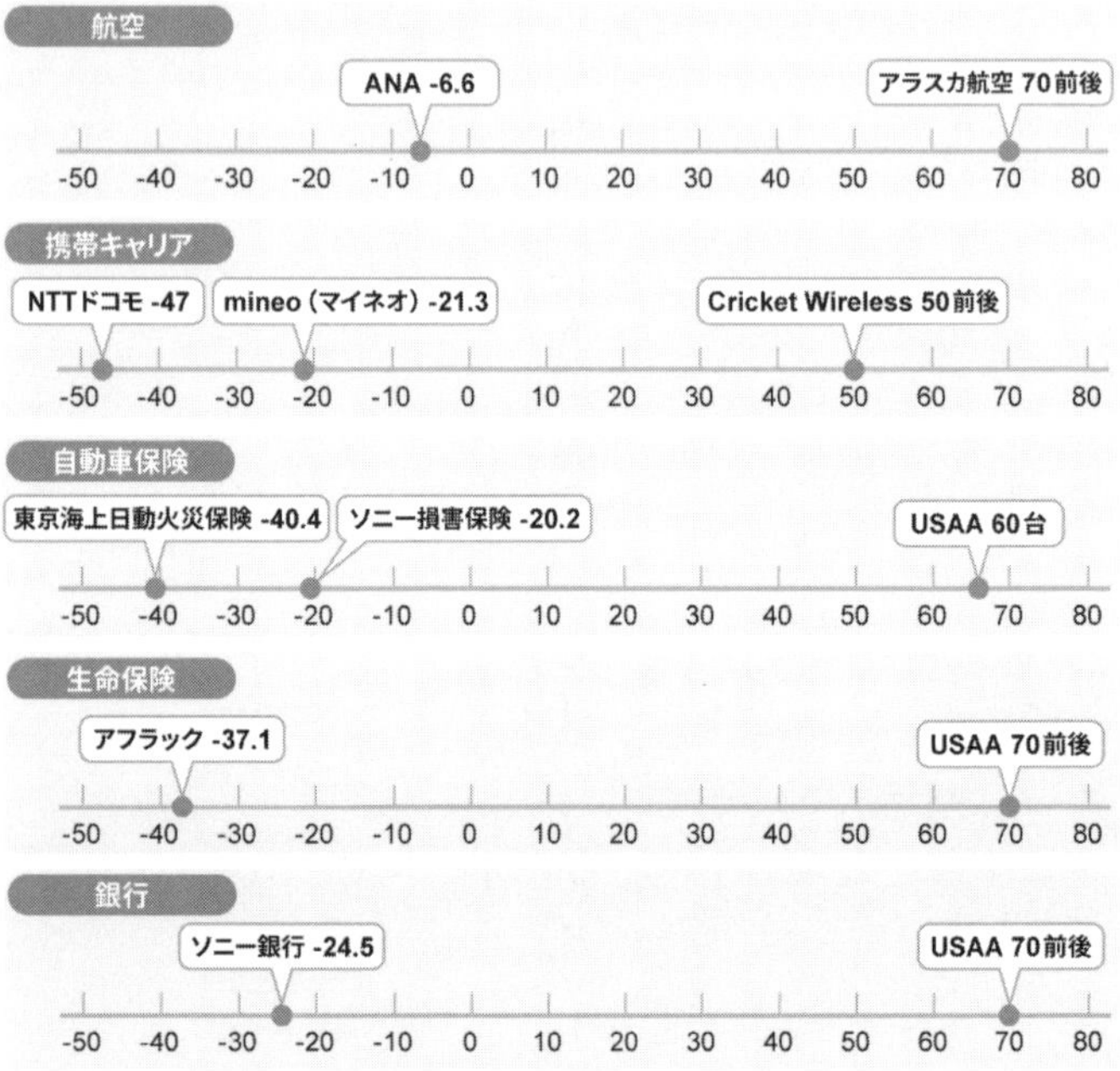

出所：2021 B2C NPS Benchmarks at a Glance、NTTコム オンライン「NPS業界別ランキング＆アワード」

調査）に対し、日本はマイナス17・1（NTTコム オンライン調査）。米国のトップ企業はアラスカ航空でNPSスコアがプラス70前後であるのに対し、日本のトップはANAでスコアはマイナス6・6。スコア差70超という大差だがこれでもまだマシなほうだ。

携帯事業者では、米国トップ企業の米クリケットワイヤレスのスコアがプラス50前後であるのに対し、日本はMVNO（仮想移動体通信事業者）でトップのmineo（マイネオ）がマイナス21・3、大手キャリアでトップのNTTドコモはマイナス47・0に位置する。

さらに自動車保険では、米トップのUSAAがプラス60台。対する日本はダイレクト型自動車保険トップのソニー損害保険がマイナス20・2、代理店型自動車保険トップの東京海上日動火災保険がマイナス40・4と引き離され、USAAと東京海上日動のスコア差は実に100を超える。

日米トップ企業でここまでスコア差が開くと、世界共通の尺度として活用するには支障が、そして誤解が生じる。NPSを導入しているグローバル企業の日本法人トップは、NPSスコアの日本の特殊性を本国に理解してもらうことが最初にして最大の仕事といってもいいだろう。

であれば、欧米人と同程度の感覚、推奨意欲なら同等のスコアが出るように日本向け

図9 推奨者、中立者、批判者の区分けを変えた「PSJ」

	批判者	中立者	推奨者
NPS	0～6	7、8	9、10
PSJ	0～4	5～7	8～10

にNPSを調整できないか？　この課題に取り組んだのが、早稲田大学ビジネススクールの木村達也教授だ。20年10月に日本マーケティング学会がオンライン開催した「マーケティングカンファレンス2020」のオーラルセッションで、「日本人消費者を対象とする顧客推奨度指標の最適化NPSからPSJへ」と題した論考を発表した。

木村教授が提唱したPSJ（プロモーター・スコア・ジャパン）は、NPSの11段階評価のうち、0～4を批判者、5～7を中立者、8～10を推奨者として、推奨者割合から批判者の割合を引き算して求める（**図9**）。NPSの区切りを変えることで、多くの人がマークしやすい5点が中立者として扱われる。

PSJの良い点は、これまでNPSとして調査したデータを無駄にすることなく過去の値も簡単にはじき出せることだ。マイナス2桁のNPSスコアからなかなか数値が改善せずモチベーションが下がっていた企業は、PSJ方式を採用することで、米国同業種企業のNPSと遜色ない換算値が出れば、自信を持てるだろう。

NPSは究極の指標なのか？

大切な友人や家族にお薦めしたくなるほど気に入っている商品ならば、もちろん自分自身の満足度は高く、今後もリピート購入したい、つまり顧客ロイヤルティーが高いはず。さらに周囲にお薦めすることで友人が新規顧客になる可能性も高まる——。そんな期待から、推奨意向を尋ねるNPSが究極の質問、究極の指標として取りざたされ、企業で採用が進んでいった。

では、以前から顧客アンケートで尋ねてきた顧客満足度や再購入意向は改めて聞かなくてもよいのだろうか？

結論からいうと、推奨意向が高ければ顧客満足度も再購入意向（ロイヤルティー）も高いケースは確かに多いが、推奨意向は低めでも他2つは高いケース、逆に推奨意向は高いのに他2つがさえないケースもある。

例えば安さがウリの食品スーパーAについて、満足度もロイヤルティーも高いが、友人に薦めるのはちょっと気が引けるために推奨意向が伸びないケースがある。反対に、おしゃれなカフェBについて、お薦めして間違いのない店として推奨意向は高いが、個人的には気張らずくつろげる他店に行く――、そんな選択もあるだろう。NPSで推奨意向しか把握していない場合、NPSスコアは高いままなのに最近どうも客足が伸びないといったことが起こりうるのだ。

業績との強い相関にも疑問符

NPSの強みであるはずの、業績との強い相関にも疑問符が付く。

P&G出身の敏腕マーケターが集うマーケティングコンサルティング会社、M-フォース（東京・渋谷）は21年3月、マーケットシェア拡大に有効なKPI（重要業績評価指標）として、「次回購買意向（NPI：Next Purchase Intention）」が、認知度や好感度、満足度、そしてNPSよりも相関が強く有効という結果を発表している（**図10**）。

NPIは、調査対象の商品・サービスを認知している人のうち、購入経験の有無や現在利

図10 シェア拡大にはNPSよりNPI（次回購買意向）の相関が強い

	金額シェア	数量シェア
NPI（次回購買意向）	**0.659**	**0.597**
認知	0.508	0.474
好感度	0.467	0.478
満足度	0.334	0.220
NPS	0.265	0.123

出所：M-Forceプレスリリース「マーケットシェア拡大に有効な新KPIを特定」

用しているか否かを問わず、「次回購入（利用）してみたい」と回答した人の割合。日用消費財6カテゴリー（ビール、緑茶、エナジードリンク、部屋用消臭芳香剤、シャンプー、袋麺）54ブランドに対し、3万人規模の購買者調査を実施して導き出したものだ。少なくともこれらの商品カテゴリーでは、他者への推奨意向（NPS）より自身の購買意向（NPI）を尋ねたほうが、当該商品の成長余地をより正確に把握できることになる。

1つの指標だけを絶対視せずに、多角的に質問を投げて複数の指標を見るほうが顧客の意向をつかみやすく、変化にも対応しやすい。

2-2

52・6%が読書もしない、日本は世界一学ばない国!?調査回答者はその国の平均的な人たちか？

勤務先以外での学習や自己啓発「特に何も行っていない」52・6%。勤勉という評価も今は昔。怠惰で学ばない日本人という評価のようだ。国際比較調査の結果を見る上では、各国回答者のレベルを注視したい。

人材紹介業大手パーソルホールディングスのシンクタンク、パーソル総合研究所（東京・港）が２０２２年11月に発表した世界18カ国・地域の就業実態、成長意識に関する調査結果には、なかなか衝撃的な数字が並んでいた。「あなたが自分の成長を目的として行っている勤務先以外での学習や自己啓発活動についてお知らせください」という問いに対し「読書」「研修・セミナー」「資格取得のための学習」「語学学習」といった選択肢から複数回答可で選ぶ設問で、日本は「特に何も行っていない」が52・６%と圧倒的に高く、「自己研鑽意欲の低さが際立つ」としている。（**図1**）※全体平均18・０%

また、一般社員・従業員に対し、「現在の勤務先で管理職になりたいか」を尋ねたところ、

図1 社外の学習・自己啓発「特に何も行っていない」と回答した人の割合

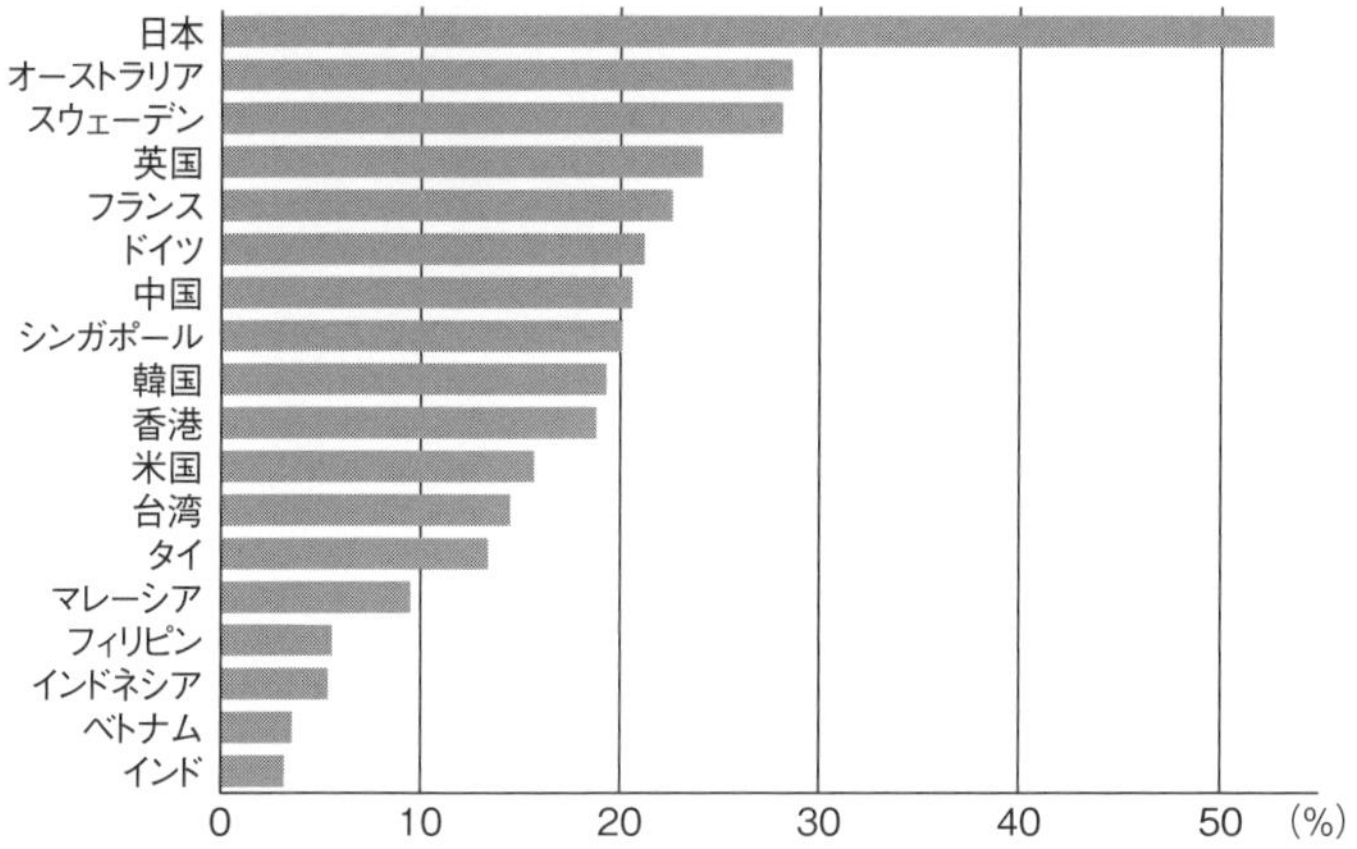

図2 管理職に「なりたい」と回答した人の割合（「そう思う」+「ややそう思う」）

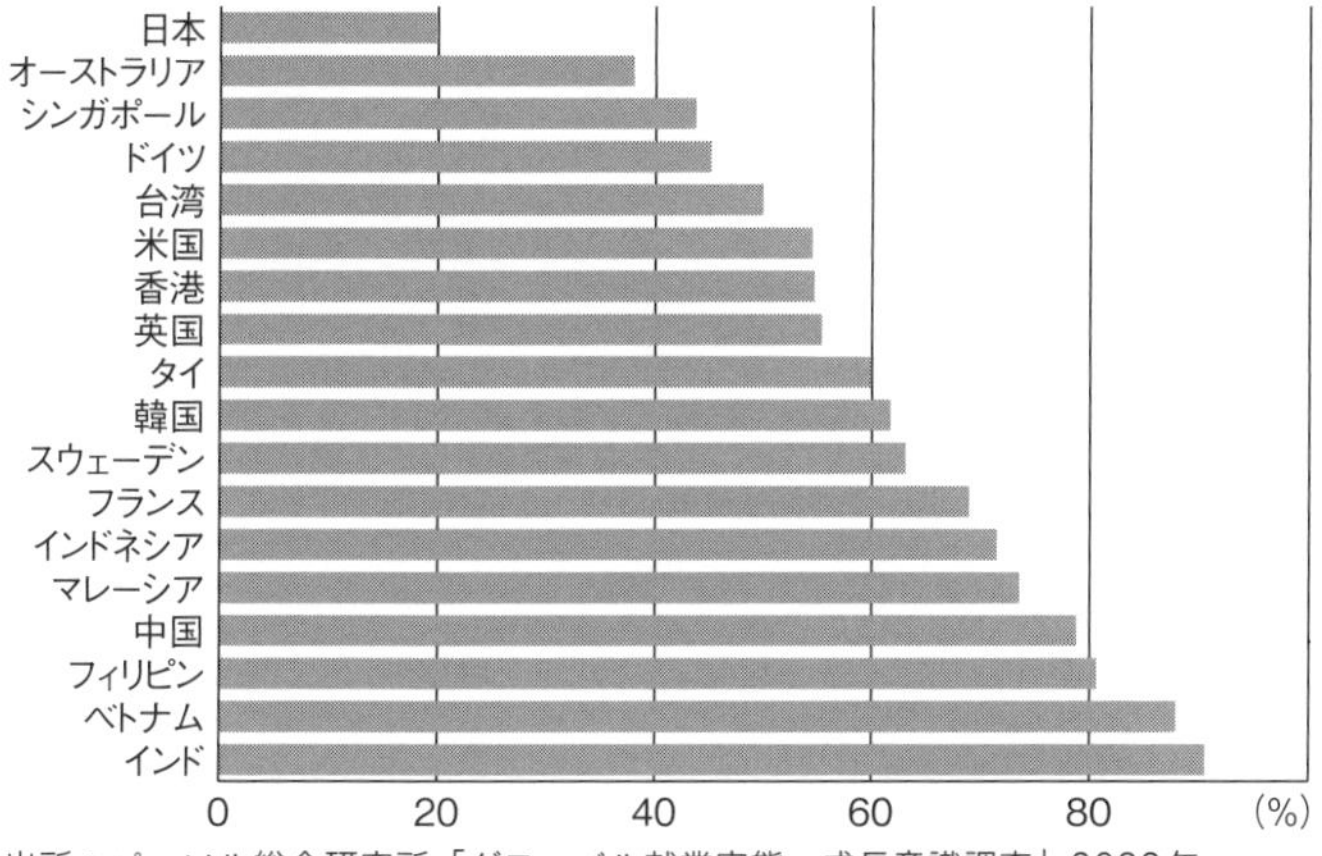

出所：パーソル総合研究所「グローバル就業実態・成長意識調査」2022年

最も高かったのはインド（90・5％）、次いでベトナム（87・8％）、フィリピン（80・6％）と続き、日本は19・8％で最下位だった（**図2**）※全体平均58・6％

SNS上はまたぞろ「これだから日本は（怒）」と日本ディスでひとしきり盛り上がったようだが、この手の国際比較調査では各国回答者のレベル感を確認しておきたい。パーソル総研の194ページにおよぶレポートには各国の回答者属性も詳細に記されている。

まず最終学歴が「大卒以上」の割合が、日本は18カ国平均より低い58・9％（**図3**）。日本の25〜64歳の大卒比は世界トップ5には入るため、他国の回答者はアッパー層が多いことになる。ちなみに回答者の大卒率トップはインドで83・8％に上るが、インドの25〜64歳の大卒比は13％程度だ。

正社員回答者の割合も全体平均66％に対し日本は55・6％と低い（**図4**）。フィリピン、タイ、インドネシアは日本より低いが、この3カ国は自営業・自由業の割合が高い。日本はパート・アルバイト回答者が13・3％に上り、18カ国で最も比率が高い。さらに正社員・公務員などに占める管理職回答者の割合も、全体平均36・8％に対し日本は12・4％で最下位だ（**図5**）。回答者の大卒比に各国の実情とズレがあり、正社員比率も管理職比率も大差がある調査環境で出てきた数字であるということは押さえておきたい。

図3 最終学歴が「大卒以上」の割合

インド	83.8
韓国	77.0
フィリピン	76.8
ベトナム	74.0
台湾	70.9
米国	70.6
シンガポール	67.5
タイ	65.7
中国	65.3
18カ国平均	**63.7**
マレーシア	63.4
オーストラリア	61.9
インドネシア	60.8
日本	**58.9**
香港	58.9
フランス	54.8
英国	54.4
スウェーデン	41.8
ドイツ	36.4

図4「正社員」の割合

シンガポール	81.1
香港	80.5
台湾	77.1
インド	77.0
スウェーデン	76.8
ドイツ	71.5
フランス	70.1
米国	67.9
マレーシア	66.9
18カ国平均	**66.0**
英国	64.5
韓国	63.7
オーストラリア	63.2
中国	62.3
ベトナム	60.7
日本	**55.6**
フィリピン	53.4
タイ	49.7
インドネシア	46.2

図5「管理職」の割合

インド	53.2
ベトナム	50.7
シンガポール	49.9
マレーシア	48.2
台湾	45.1
香港	40.1
米国	37.9
ドイツ	37.8
中国	37.0
18カ国平均	**36.8**
オーストラリア	36.7
英国	36.6
フランス	33.3
インドネシア	32.9
韓国	31.5
フィリピン	30.3
タイ	29.0
スウェーデン	17.8
日本	**12.4**

図6 既婚率

ベトナム	86.5
インド	85.6
インドネシア	85.4
中国	81.0
マレーシア	74.2
フィリピン	70.0
シンガポール	69.1
香港	68.5
タイ	67.6
18カ国平均	**67.5**
台湾	67.2
韓国	64.9
フランス	61.2
オーストラリア	57.9
米国	57.5
英国	57.5
スウェーデン	57.1
ドイツ	54.3
日本	**47.0**

出所：パーソル総合研究所「グローバル就業実態・成長意識調査」2022年

2-3

「生徒の批判的思考を促す」圧倒的最下位 クリティカルシンキングは「批判的思考」か？

授業に批判的思考を取り入れている中学校教員は24・5％。世界47カ国調査で群を抜く低さで最下位だったという。think criticallyと批判的思考は同じニュアンスか？

２０２０年９月、「日本では批判的思考を育む教育が全然できていない」というツイートが拡散した。ＯＥＣＤ（経済協力開発機構）の国際教員指導環境調査「ＴＡＬＩＳ２０１８」のデータを基に書かれたニューズウィーク誌サイトの記事が発端だ。「授業において批判的思考を促すことがある」という設問に、肯定的な回答をした中学校教師の割合を算出したところ、調査対象47カ国で平均が80％超だったのに対し、日本は20％台と飛び抜けて低くダントツのワーストだったという（**図1**）。批判的に物事を考えさせない環境で教育を受けた教員が批判的思考を育む授業をできるはずもなく、「だから従順でデモも起きない。現政権が続くわけだ」とツイッター界隈はイデオロギー論争で盛り上がっていた。

図1 中学校教員の達成度(自己評価)

生徒の批判的思考を促す		
1	ポルトガル	98.0
2	コロンビア	97.7
3	ブラジル	95.6
4	イタリア	95.1
5	アルゼンチン	94.0
6	デンマーク	92.5
7	キプロス	92.4
8	アラブ首長国連邦	92.1
9	南アフリカ	91.8
10	ベトナム	89.3
11	ハンガリー	89.2
12	ジョージア	88.2
13	チリ	87.9
14	トルコ	87.9
15	オランダ	87.8
16	メキシコ	87.5
17	カナダ	87.2
18	スロベニア	86.9
19	ラトビア	85.7
20	中国(上海)	85.0
21	カザフスタン	84.8
22	オーストリア	83.5
23	ブルガリア	83.2
24	ルーマニア	83.1
25	マルタ	82.6
26	エストニア	82.4
27	ニュージーランド	82.1
28	英国	81.3
29	スペイン	80.9
30	オーストラリア	80.8
31	リトアニア	80.0
32	スロバキア	79.7
33	米国	79.5
34	サウジアラビア	78.9
35	イスラエル	78.5
36	ベルギー	78.1
37	シンガポール	76.7
38	韓国	76.1
39	スウェーデン	75.9
40	アイスランド	75.6
41	フィンランド	75.4
42	クロアチア	74.4
43	フランス	71.9
44	台湾	70.7
45	チェコ	65.2
46	ノルウェー	64.9
47	**日本**	**24.5**
	OECD 31カ国	80.6
	TALIS 47カ国	82.2

※「非常に良くできている」+「かなりできている」の割合
出所：OECD, TALIS 2018 Database.

この設問は「生徒の批判的思考を促す（Help students think critically）」に対し、「非常に良くできている（A lot）」「かなりできている（Quite a bit）」「いくらかできている（To some extent）」「全くできていない（Not at all）」の四択式だった。まず欧米の「think critically」と日本の「批判的思考」が回答者の教員に同じニュアンスで伝わっているかどうか。クリティカルシンキングは便宜上、批判的思考と訳されているものの、ぴったりとは言い難く、教育現場で定着に至っていない。自身の主張を客観的に捉え、想定される疑問や異議を踏まえてブラッシュアップし、さらに実際にフィードバックを受けて論理の補強や修正を図っていく取り組みがクリティカルの意味だ。批判的思考という言葉から教員回答者はどんな授業をイメージしただろうか。回答者の捉え方に乖離が出ると、調査結果に現実とズレが生じうる。実際のところ、主体的かつ双方向の授業参加を促すアクティブラーニングの浸透で、クリティカルな思考が必要とされる場面は昭和の授業よりずっと増えている印象が個人的にはある。

そして50ページで取り上げた日本人の中間回答（謙遜回答）傾向はここでも見られる。同調査では批判的思考の他に12の設問があるが、日本は全て最下位だ（**図2**）。日本の教育は世界最低なのか？　教師に自信、自尊心が欠けていることのほうが気になる結果だ。

図2 中学校教員の達成度（自己評価）

	生徒に勉強ができると自信を持たせる		生徒が学習の価値を見いだせるように手助けする		生徒のために発問を工夫する	
1	イタリア	99.0	ポルトガル	99.3	コロンビア	98.1
2	ポルトガル	98.8	ベトナム	99.2	ポルトガル	98.0
3	デンマーク	98.6	コロンビア	98.2	ハンガリー	97.9
4	コロンビア	98.5	デンマーク	96.3	ベトナム	97.8
5	ベトナム	98.3	イタリア	96.2	ブラジル	97.8
47	**日本**	**24.1**	**日本**	**33.9**	**日本**	**50.8**
	OECD 31カ国	85.5	OECD 31カ国	80.7	OECD 31カ国	87.5
	TALIS 47カ国	86.3	TALIS 47カ国	82.8	TALIS 47カ国	88.7

	学級内の秩序を乱す行動を抑える		勉強にあまり関心を示さない生徒に動機付けをする		自分が生徒にどのような態度・行動を期待しているかを明確に示す	
1	ポルトガル	97.8	ポルトガル	97.3	デンマーク	98.5
2	コロンビア	97.5	ベトナム	96.8	ハンガリー	98.2
3	デンマーク	96.7	コロンビア	95.3	ポルトガル	98.1
4	ベトナム	93.9	アラブ首長国連邦	91.1	ブラジル	97.8
5	オランダ	93.6	イタリア	89.7	オランダ	97.7
47	**日本**	**60.0**	**日本**	**30.6**	**日本**	**59.9**
	OECD 31カ国	85.3	OECD 31カ国	68.3	OECD 31カ国	91.0
	TALIS 47カ国	86.1	TALIS 47カ国	72.0	TALIS 47カ国	91.5

	生徒を教室の決まりに従わせる		秩序を乱す、または騒々しい生徒を落ち着かせる		多様な評価方法を活用する	
1	ベトナム	98.1	ポルトガル	97.0	ポルトガル	98.2
2	コロンビア	98.1	コロンビア	96.8	コロンビア	97.3
3	ポルトガル	98.0	デンマーク	96.4	アラブ首長国連邦	93.2
4	ブルガリア	96.8	ハンガリー	93.5	リトアニア	93.2
5	デンマーク	96.0	サウジアラビア	92.9	ブルガリア	92.8
47	**日本**	**61.9**	**日本**	**59.7**	**日本**	**32.4**
	OECD 31カ国	88.8	OECD 31カ国	83.4	OECD 31カ国	80.3
	TALIS 47カ国	89.9	TALIS 47カ国	84.9	TALIS 47カ国	82.0

	生徒がわからない時には、別の説明の仕方を工夫する		さまざまな指導方法を用いて授業を行う		デジタル技術の利用によって生徒の学習を支援する（例：コンピュータ、タブレット、電子黒板）	
1	ポルトガル	99.4	コロンビア	96.8	デンマーク	88.4
2	コロンビア	98.9	ポルトガル	95.8	ポルトガル	87.8
3	イタリア	98.5	ハンガリー	95.4	アラブ首長国連邦	87.8
4	ブラジル	98.0	リトアニア	94.3	カザフスタン	81.9
5	アルゼンチン	97.8	アラブ首長国連邦	94.3	イタリア	79.9
47	**日本**	**62.9**	**日本**	**48.0**	**日本**	**35.0**
	OECD 31カ国	92.1	OECD 31カ国	84.5	OECD 31カ国	66.8
	TALIS 47カ国	92.7	TALIS 47カ国	85.5	TALIS 47カ国	66.7

※「非常に良くできている」＋「かなりできている」の割合
出所：OECD, TALIS 2018 Database.

2-4

AIはサッカーW杯優勝国を予測できるか？ 優勝ブラジル予測はハズレ　データサイエンス反省会

AI（人工知能）はどこまで未来の予測が可能なのか？ 日米2社がサッカーW杯を題材に予測に取り組んだ。その結果は？ データサイエンスの可能性と限界を検証した。

２０２２年の11～12月という季節外れな時期に開催されたサッカーW杯カタール大会。本大会では日米２つのＷｅｂメディアがＡＩを用いた勝敗予測、優勝国予測を公表した。米国の著名な統計学者、ネイト・シルバー氏が運営する「ファイブサーティエイト」と、〝記者ゼロ人の通信社〟の異名を持つ報道テックベンチャー、ＪＸ通信社（東京・千代田）が運営するニュース速報メディア「ニュースダイジェスト」だ。

ファイブサーティエイト（５３８）という数字は、米大統領選挙で各州の規模に応じて割り当てられている選挙人の合計だ。野球選手のパフォーマンスを数値化するセイバーメトリクスに端を発し、08年と12年の米大統領選では各州の勝者を正確に予測したことで名声を上げた。

一方のJX通信社は、22年7月の参院選で報道各社の情勢調査を分析し、候補ごとの当選確率を算出する当選確率シミュレーターをリリースするなど、選挙分析で定評がある。その知見を生かしてW杯の勝敗予測に臨んだ。

ベスト8当ては6勝2敗

両メディアとも、大会開始直前時点で優勝の最有力候補にブラジルを挙げていた。ファイブサーティエイトはブラジルの優勝確率22％でトップ。JX通信社も同12・18％でトップと予測していた。〝優勝国当て〟という点では予測はハズレだ。一方、サッカー好きアイドルとして一躍名を上げた影山優佳は、大会開始前（22年11月19日）時点で優勝をアルゼンチンと予想していた。では、これをもって「AI予測は当てにならない」「データサイエンスの敗北」なのか？
次ページの**図1**は、大会開始直前時点で両メディアが公開していた優勝確率ランキングである。1位ブラジル以下の並びは異なるが、類似している点がある。

・ベスト4に残った4カ国のうちアルゼンチンとフランスを4位以内に予測
・ベスト8に残った8カ国のうち6カ国を8位以内に予測
・4〜8位の優勝確率が混戦で、9位と「断層」がある

両メディアとも、「ベスト4当て」では2勝2敗、「ベスト8当て」では6勝2敗で並ぶ。4強予測に2カ国しか残らなかったのは残念だが、8強予測で6カ国的中は、「ジャイアントキリング」というワードが連日SNSで飛び交った大会でありながらも、それなりの精度があったと言ってよさそうだ。

ファイブサーティエイトの優勝確率上位8カ国のうち8強に残らなかったのは、決勝トーナメント初戦でモロッコにPK戦の末敗れたスペイン（2位）と、日本に敗れてグループEを突破できなかったドイツ（6位）。JX通信社の優勝確率上位8カ国のうち8強に残らなかったのは、同じくスペイン（6位）と、クロアチアに勝ち点1の差でグループFを突破できなかったベルギー（7位）だった。この3カ国はクロアチアと日本に翻弄された格

図1 ファイブサーティエイトとJX通信社のW杯優勝確率予測ランキング

●米ファイブサーティエイト

順位	国名	優勝確率	結果
1	ブラジル	22%	8強
2	スペイン	11%	16強
3	フランス	9%	準優勝
4	アルゼンチン	8%	優勝
5	ポルトガル	8%	8強
6	ドイツ	7%	
7	イングランド	7%	8強
8	オランダ	6%	8強
9	デンマーク	3%	
10	ウルグアイ	3%	
11	ベルギー	3%	
12	クロアチア	2%	3位
13	スイス	1%	16強
14	米国	1%	16強
15	メキシコ	1%	
16	セネガル	1%	16強
17	エクアドル	1%	
18	モロッコ	1%	4位
19	セルビア	1%	
20	日本	～1%	16強
21	カナダ	～1%	
22	ポーランド	～1%	16強
23	韓国	～1%	16強
24	チュニジア	～1%	
25	イラン	～1%	
26	ウェールズ	～1%	
27	カメルーン	～1%	
28	サウジアラビア	～1%	
29	オーストラリア	～1%	16強
30	カタール	～1%	
31	ガーナ	～1%	
32	コスタリカ	～1%	

●JX通信社「NewsDigest」

順位	国名	優勝確率	結果
1	ブラジル	12.18%	8強
2	アルゼンチン	10.85%	優勝
3	フランス	9.62%	準優勝
4	イングランド	7.72%	8強
5	オランダ	7.58%	8強
6	スペイン	7.55%	16強
7	ベルギー	7.18%	
8	ポルトガル	7.13%	8強
9	ドイツ	5.21%	
10	クロアチア	4.11%	3位
11	デンマーク	3.99%	
12	ウルグアイ	3.92%	
13	メキシコ	2.19%	
14	セネガル	1.79%	16強
15	スイス	1.76%	16強
16	セルビア	1.38%	
17	米国	1.60%	16強
18	イラン	0.84%	
19	ポーランド	0.84%	16強
20	ウェールズ	0.79%	
21	モロッコ	0.74%	4位
22	韓国	0.45%	16強
23	日本	0.35%	16強
24	チュニジア	0.23%	
25	コスタリカ	0.22%	
26	オーストラリア	0.11%	16強
27	エクアドル	0.06%	
28	カメルーン	0.02%	
29	カナダ	0.02%	
30	サウジアラビア	0.01%	
31	カタール	0.00%	
32	ガーナ	0.00%	

出所：FiveThirtyEight「2022 World Cup Predictions」、JX通信社「NewsDigest」

好だ。特に大本命視されていたブラジルを破ったクロアチアは、今大会の台風の目といっていい存在だった。

では両メディアはクロアチアをどう見ていたか？　ファイブサーティエイトは優勝確率2％で12位、ＪＸ通信社は同４・１１％で10位。順位で大差はないものの、ドイツを「断層」下の９位、クロアチアを10位としたＪＸ通信社の予測は見るべきものがある。

ビッグサプライズとなった準々決勝のブラジル対クロアチア戦。両メディアの試合直前予測は、ファイブサーティエイトがブラジルの勝利確率77％、ＪＸ通信社は同61％。双方ともブラジル優勢としながらも、勝利確率の数字は15ポイント超の差が開いていた。ちなみに同日行われたアルゼンチン対オランダ戦は、ファイブサーティエイト、ＪＸ通信社ともにアルゼンチンの勝利確率58％と算出していた。ＪＸ通信社のほうがクロアチアの勝機を見いだしていたと言える。

中南米との相性の悪さでコスタリカ戦の勝率を割引

ＪＸ通信社で「２０２２サッカーW杯　勝利確率&優勝国ＡＩシミュレータ」の開発を

リードした、上級執行役員兼CXO（最高ユーザー体験責任者）の細野雄紀氏と、執行役員データアナリスト・情勢調査事業責任者の衛藤健氏は次のように説明する。

「当社独自に過去のW杯対戦成績、各国代表チームの能力に関する情報、直近の国際試合での対戦成績などの情報を収集し、それらのデータを基に試合の勝敗を予測する数理モデルを構築しました。対戦カードごとの勝利確率計算を、総当たりのグループステージから決勝トーナメントに至る実際のプロセスに沿って1万回繰り返すことで、決勝トーナメント進出確率や優勝確率を求めています。選手個々の能力を数値化し、それを積み上げたものが基本的にその国の力量になります。中心選手が負傷やイエローカードの累積で次戦に出られない場合は、その分が差し引かれて戦力ダウンとなり、勝利確率が変動します。また、過去の試合結果から力量と結果が伴っているかどうか、相性の良しあしなども加味しました」

ＪＸ通信社がクロアチアのブラジル戦勝利確率を39％と高めに設定したのは、この「加味」した部分が影響している。クロアチアは準優勝した前回大会で決勝トーナメント3試合とも延長戦を戦い、初戦と準々決勝はＰＫ戦で、準決勝は逆転で競り勝っている。ゴールキーパーも含めてメンバーの入れ替わりはあるものの、力量よりも結果を出した粘り強さが加点材料となったことで勝利確率が上がった。

一方のファイブサーティエイトの予測からは、直前の試合内容を重視する方針がうかがえる。ブラジルは決勝トーナメント初戦で韓国を相手に4対1で圧勝した。もともと力量があって好調を維持しているので、力量の劣る国に負ける可能性は低いという判断だ。

ファイブサーティエイトは、日本がドイツに勝った直後のコスタリカ戦でも日本の勝利確率を60％（引き分け確率25％、敗戦確率15％）と引き上げていた。反対にJX通信社が出した日本の対コスタリカ戦勝利確率は、ドイツ戦勝利後でも45・16％と、開幕前予想の43・66％から微増にとどまっていた。これは日本代表が中南米の国に対してあまり相性が良くないという過去の戦績が数字に反映された格好だ。クロアチアの対ブラジル戦、日本の対コスタリカ戦は、直前の試合内容よりも、力量以上の力を発揮する傾向や過去の相性を重視した予測が合っていたことになる。

選手交代枠が5人に増えて予測難易度アップ

それでも、モロッコの快進撃を予測することは難しかった。「カタールとの距離が遠い国ほど不利になる」といった実力以外の要素もパラメーターに加えて試行錯誤を重ねたが、アルゼンチンとブラジルが弱く出てしまうため大きなウエートは掛けられなかったという。モロッコはカタールと同じく国教がイスラム教で、アラブ圏の友好国。対スペイン戦では観客席の9割がモロッコサポーターで埋め尽くされたといわれる。グループCの初戦ではサウジアラビアがアルゼンチンに2対1で勝利する波乱もあった。一方で開催国カタールはグループAで3連敗し、姿を消した。こうしたホームアドバンテージの数値化は容易ではない。ほかにも、通常のW杯開催時期と異なり欧州のリーグ戦を中断して行われた点や、今大会から選手交代枠が3人から5人に増えたことも予測を難しくした。

カタール大会では、スタジアムに選手の手足やボールの位置を認識するトラッキングカメラ12台を設置し、センサー内蔵のボールを使用。センサーのデータとカメラでオフサイドやゴールに関わる微妙な判定を自動化するVAR（ビデオアシスタントレフェリー）判定が導入された。これによって、従来なら見逃されていたオフサイドを取られたり、アディショナルタイムが長くなったりといった変化があった。スペイン戦で決勝点のアシストになった三笘薫選手のクロスボールも、VAR判定の賜物だ。判定技術と予測技術の精度向上も、サッカーの新たな見どころとして注目したい。

2-5

40～50代でスマホ左手持ちが多いワケ　若者は右手「自分の作法」イコール「みんなの作法」ではない

あなたはスマートフォンを操作する際、どちらの手で持ち、どの指で操作するだろうか？おそらく誰しも基本の「型」があるはずだ。「自分は○手持ち。みんなもそうでは？」と自分の作法・流儀が一般的であるように考えがちだが、かなり異なる場合がある。

スマホの操作スタイルという、これまであまり気にしたことがなかった盲点ともいえる調査リポートを、調査会社のインテージが公開している。調査対象は日本を含む11カ国（日本、中国、韓国、インド、インドネシア、フィリピン、タイ、ベトナム、シンガポール、英国、米国）。サンプルサイズは各国５００人だ。

インテージ「知るギャラリー」２０２３年1月27日
日本人のスマホの持ち方は独特？－国際比較調査でみるスマホ操作の国別傾向－

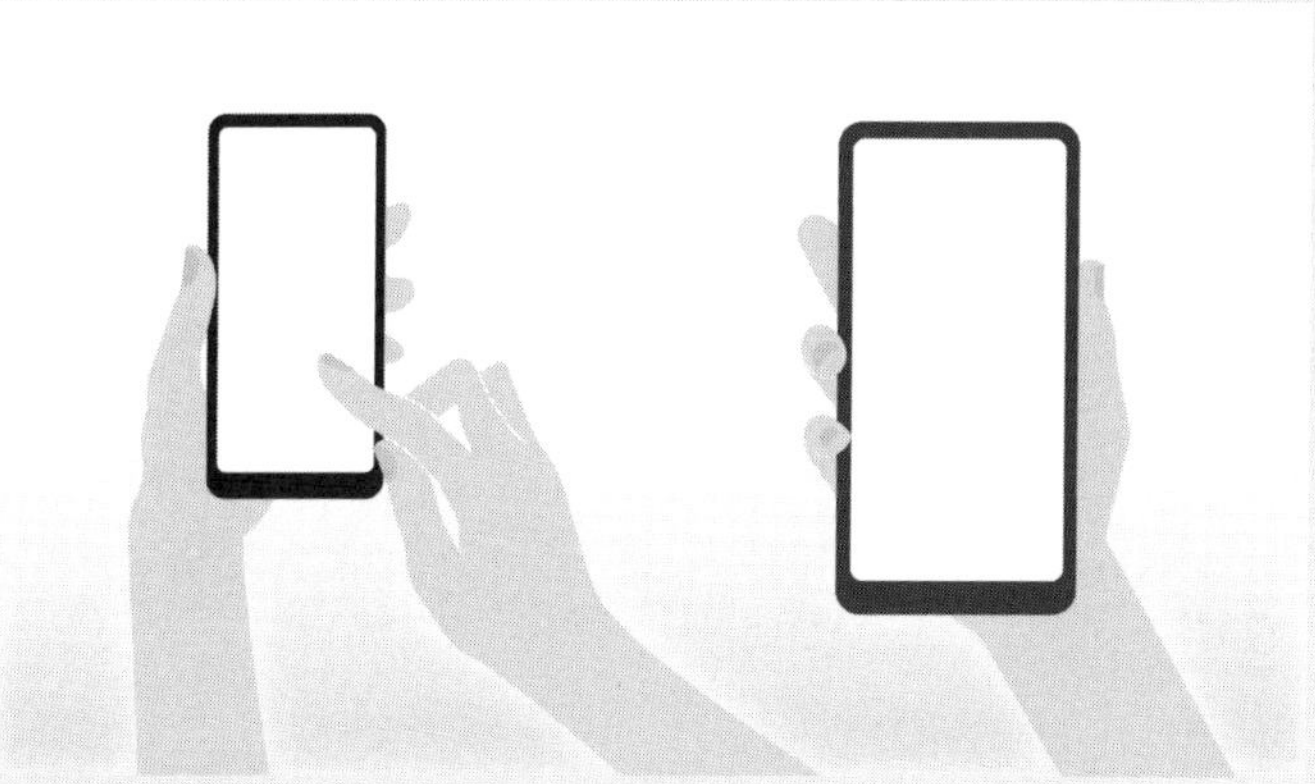

スマートフォンの持ち手と操作する指は、国、世代によって異なる
（写真／Shutterstock）

調査の趣旨は、タイトルの通り諸外国との比較で違いを浮き彫りにすることである。だがそれ以前に、「日本人の主流はこのパターン」といえるほど定まった型はなく、ばらつきが大きい。右利きなら右手で持つ、あるいは左手で持つと決まっているわけでもない。この調査から見えてくることや、マーケティング従事者として注意しておきたいことを探ってみたい。

インテージの調査リポートを順に追っていく。まず利き手について。日本は右利きが88・5％で、11カ国平均では84・8％。国内外とも9割弱が右利きで大差はなく、国による利き手の違いは考慮しなくてよさそうだ（**図1**）。

では、スマホをどちらの手で持つか？　日

本では左手が57・0％、右手が35・9％と、20ポイント超の差をつけて左手が優勢だ。これが11カ国トータルでは右手48・9％、左手36・8％と、逆になる。日本以外で左手優勢なのは中国と韓国だけだ（**図2**）。

これを年代別に見ると、日本では40～50代の左手持ちが70％超と多数派を占めていることで、左手優勢を決定づけている。一方、日本でも20～30代は、僅差ではあるが右手持ちが上回っている。30代と40代の間には大きな分断がある（**図3**）。

年配層ほど左手持ちという傾向は、日本が最も顕著ではあるが、11カ国トータルでも共通して見られる。右手持ちが6割を占める20代から、年齢が上がるにつれて左手持ちが増え、40代で半々。50代では左手持ちが56・4％と過半数を占める（**図4**）。

11カ国共通して年配層ほど左手持ちが増えるのは、固定電話や公衆電話の受話器を持つ手の名残である可能性が高い。公衆電話も自宅や職場の固定電話も、向かって左側に受話器とコードがあり、受話器を左手で取って左耳に当て、右手で番号をプッシュしてメモを取ることを想定したつくりになっている。その経験が染みついた世代ほどスマホも左手持ちが習慣づくのは納得感がある。

続いてどちらの手で持ってどの指で操作するか、その組み合わせについて。こちらも日

図1 各国間の利き手の違い

(%)

	n=	右利き	左利き	両利き
11か国TOTAL	5500	84.8	9.5	5.7
日本	500	88.5	9.5	2.1
中国	500	85.8	6.7	7.5
韓国	500	86.9	6.3	6.8
インド	500	81.7	8.1	10.2
インドネシア	500	87.8	2.5	9.8
フィリピン	500	82.2	11.5	6.3
タイ	500	82.3	12.8	4.9
ベトナム	500	82.5	10.9	6.6
シンガポール	500	85.7	10.0	4.3
イギリス	500	84.6	14.4	1.0
アメリカ	500	84.9	12.2	2.9

出所：インテージ「知るギャラリー」2023年1月27日公開記事（以下同）日本人のスマホの持ち方は独特？ －国際比較調査でみるスマホ操作の国別傾向－

図2 各国間の「スマホの持ち手」の違い

(%)

	n=	右手	左手	両手
11か国TOTAL	5500	48.9	36.8	14.3
日本	500	35.9	57.0	7.1
中国	500	40.2	48.9	10.9
韓国	500	42.0	44.9	13.1
インド	500	60.3	27.0	12.7
インドネシア	500	44.6	33.4	22.0
フィリピン	500	55.4	27.0	17.5
タイ	500	48.9	38.0	13.1
ベトナム	500	45.4	39.4	15.2
シンガポール	500	55.4	30.5	14.0
イギリス	500	59.3	28.4	12.3
アメリカ	500	50.4	30.8	18.8

図3 日本人のスマホの持ち手（年代別）

	n=	右手	左手	両手
日本TOTAL	500	35.9	57.0	7.1
10代	100	40.5	42.9	16.7
20代	100	49.2	42.9	7.9
30代	100	48.4	47.6	4.0
40代	100	22.7	72.7	4.7
50代	100	18.8	78.9	2.3

(%)

図4 スマホの持ち手（11カ国トータル、年代別）

	n=	右手	左手	両手
11か国TOTAL	5500	48.9	36.8	14.3
10代	1100	52.3	26.8	20.9
20代	1100	60.1	25.4	14.5
30代	1100	54.1	31.4	14.5
40代	1100	43.3	44.2	12.5
50代	1100	34.7	56.4	8.9

(%)

本と海外で異なり、日本人の間でも世代間格差が大きい。

世界の主流と異なる「日本特有のスマホ操作方法」

まず日本で最もポピュラーなのは「左手持ち・右手人さし指操作」で、25・6％を占める。ところが他の10カ国でこれが主流の国は一つもない。中国がかろうじて11・9％と2桁パーセント台に乗せているだけで、他国では10％に満たない（**図5**）。

11カ国トータルで最も多いのは、「右手持ち・左手親指操作」で20・8％。次いで、「左手持ち・左手親指操作」15・5％、「右手持ち・右手親指操作」14・0％と、片手で完結するスタイルが続く。この3スタイルで約半数を占める。日本でトップの「左手持ち・右手人さし指操作」は9・1％で4番目。11カ国でトップの「右手持ち・左手親指操作」は日本では5％未満だ。

スマホの持ち手と操作する指の組み合わせも、日本人同士で世代差が出やすい。

図6はインテージが19年に実施した2万人の大規模調査の結果だが、「左手持ち・右手人さし指操作」は年配層ほどその傾向が強い。これに次いで多い右手完結の「右手持ち・右手親指操作」は、10～20代男女と30代男性で最もポピュラーな、若手優位のスタイルだ。

ここで1つ疑問が湧く。日本の若年層では右手完結が主流といっても、日本人の手のサイズで操作に支障はないのか？ 若者は年配層よりもスマホの買い替えサイクルが速く、その分、画面サイズの大きいスマホを持っている印象がある。親指は届くのだろうか。アイフォーンの場合、ホームボタンをダブルタップすると画面表示が下にスライドして上部にも指が届きやすくなる「簡易アクセス機能」がある。とはいえ、多くの人が知っている、使っている印象はあまりない。

図5 各国間の「スマホ操作の仕方」の違い

(%)

	n=	右手持ち 左手親指操	左手持ち 左手親指操	右手持ち 右手親指操	左手持ち 右手人差し	両手持ち 左手親指操	右手持ち 左手人差し	左手持ち 右手親指操	その他
11か国TOTAL	5500	20.8	15.5	14.0	9.1	7.6	7.1	4.9	21.1
日本	500	4.9	11.1	18.0	25.6	2.8	5.2	6.9	25.4
中国	500	14.0	16.2	12.4	11.9	5.7	5.3	9.1	25.3
韓国	500	21.2	21.1	7.1	9.4	7.3	6.8	5.6	21.6
インド	500	27.7	13.4	17.5	4.1	6.1	6.3	4.2	20.7
インドネシア	500	21.5	17.2	15.7	7.3	12.2	3.1	4.6	18.4
フィリピン	500	30.2	15.4	14.6	3.9	9.4	5.3	4.0	17.3
タイ	500	17.7	15.5	14.8	7.7	5.8	8.9	6.9	22.6
ベトナム	500	16.8	18.5	14.6	9.1	8.3	8.1	5.1	19.5
シンガポール	500	27.6	14.9	8.8	7.5	7.2	11.0	3.1	19.9
イギリス	500	24.9	12.1	18.9	6.9	7.2	8.6	1.5	19.8
アメリカ	500	22.6	14.9	12.0	6.2	11.6	8.9	2.3	21.3

図6 日本人のスマホ操作の仕方（年代別）

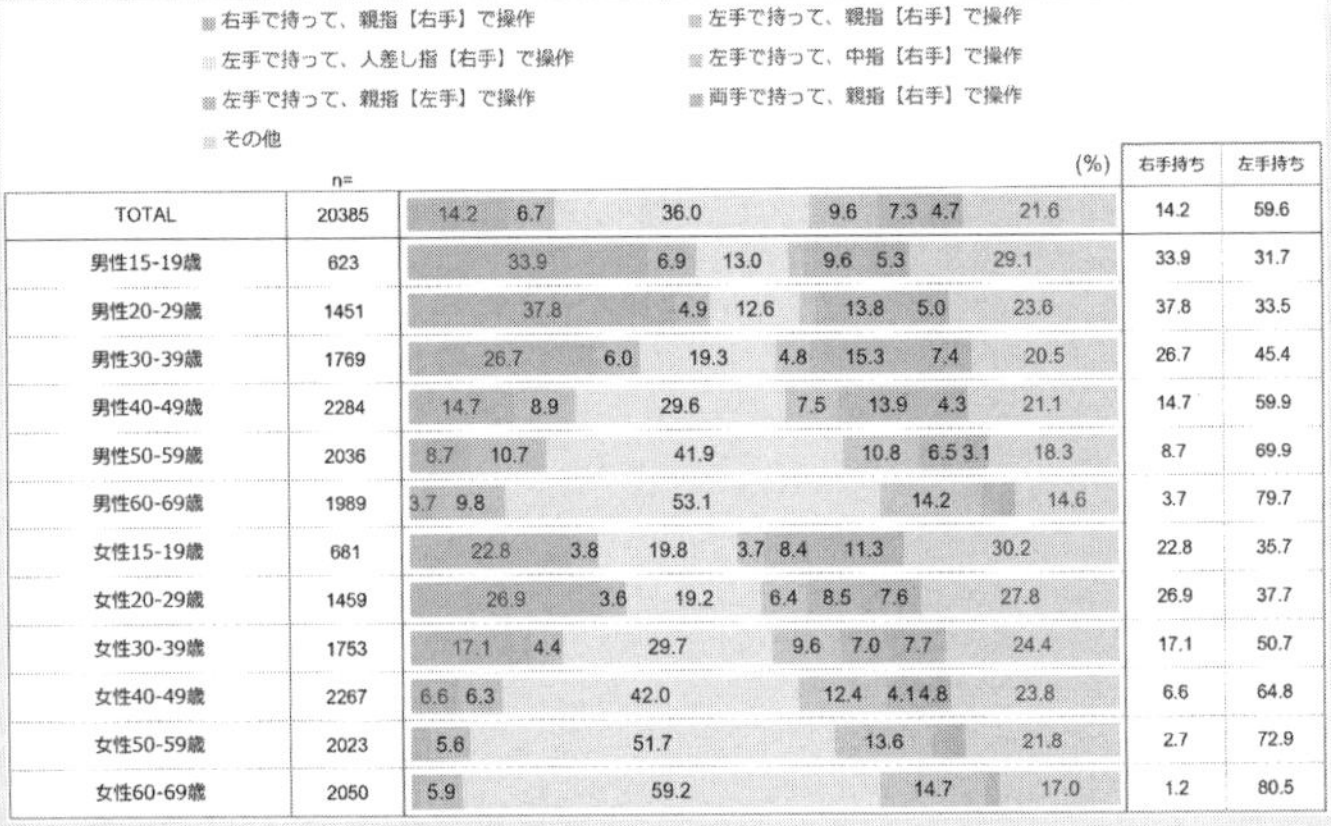
右手で持って、親指【右手】で操作
左手で持って、親指【右手】で操作
左手で持って、人差し指【右手】で操作
左手で持って、中指【右手】で操作
左手で持って、親指【左手】で操作
両手で持って、親指【右手】で操作
その他
(%)
n=
右手持ち
左手持ち
TOTAL 20385 14.2 6.7 36.0 9.6 7.3 4.7 21.6 14.2 59.6
男性15-19歳 623 33.9 6.9 13.0 9.6 5.3 29.1 33.9 31.7
男性20-29歳 1451 37.8 4.9 12.6 13.8 5.0 23.6 37.8 33.5
男性30-39歳 1769 26.7 6.0 19.3 4.8 15.3 7.4 20.5 26.7 45.4
男性40-49歳 2284 14.7 8.9 29.6 7.5 13.9 4.3 21.1 14.7 59.9
男性50-59歳 2036 8.7 10.7 41.9 10.8 6.5 3.1 18.3 8.7 69.9
男性60-69歳 1989 3.7 9.8 53.1 14.2 14.6 3.7 79.7
女性15-19歳 681 22.8 3.8 19.8 3.7 8.4 11.3 30.2 22.8 35.7
女性20-29歳 1459 26.9 3.6 19.2 6.4 8.5 7.6 27.8 26.9 37.7
女性30-39歳 1753 17.1 4.4 29.7 9.6 7.0 7.7 24.4 17.1 50.7
女性40-49歳 2267 6.6 6.3 42.0 12.4 4.1 4.8 23.8 6.6 64.8
女性50-59歳 2023 5.6 51.7 13.6 21.8 2.7 72.9
女性60-69歳 2050 5.9 59.2 14.7 17.0 1.2 80.5

コンテンツ提供者として操作感の確認を

ここで参照したいのが**図7**。モバイルマーケティングの調査機関であるMMD研究所が20年2月に実施したスマホ端末に関する意識調査データだ（「スマートフォンサイズ、10代20代女性の40％以上が小型化を求めている」20年2月20日）

スマホに求めるサイズを性・年代別に見ると、年配層ほど「大画面サイズが良い」が多く、「片手に収まる小型サイズが良い」は若者層ほど多くなっている。小型サイズ希望は10～20代女性で40％に上る。

スマホで動画を長時間視聴する若者ほど大画面をお好みかと思いきや、優先事項は小型コンパクトなのだ。フィーチャーフォン（ガラケー）のような折り畳みスマホについても、若年層ほどニーズが高い（**図8**）。荷物を手に移動中でも片手操作が可能で、ポケットやバッグにも収めやすいのは小型サイズのメリットだ。画面サイズ4・7インチと小型のアイフォーンSE（第2、第3世代）が人気なのは日本特有の現象でもある。一方で年配層が大画面を好むのは、老眼の影響もありそうだ。

かように日本人のスマホ操作は他国と異なる点が多く、同じ日本人でも世代によって差が大きい。インテージのような調査会社がこの問題に関心を寄せるのは、アンケートにスマホ画面上で回答する際、操作方法の違いがボタンの押しやすさ・にくさに影響して、回答にバイアスが生じる恐れがないか、見極める必要があるためだ。

ネットリサーチがパソコンからスマホに移行すると、回答の環境は大きく変わる。選択肢が多数あってスクロールが必要な場合、下のほうの選択肢は選択されにくくなる。複数商品のイメージ評価を聞く場合に用いられる「マトリクス回答形式」も、スマホ回答が一般的になった今はなるべく項目数、選択肢数を絞ってシンプルにすることが望ましい。

このような検討が必要なのはリサーチ業界だけではないはずだ。特にグローバルに展開するスマホゲームやコンテンツでは、操作方法の違いを踏まえたＵＩ（ユーザーインターフェース）開発、操作感の確認が重要になるだろう。

また、「周囲も同じ」と思っていた自分の作法や扱い方が、世代や国を超えると必ずしも標準ではないことを知る意味でも興味深い調査結果である。

図7 スマートフォンに求めるサイズ(性・年代別)

年代	n	大画面サイズが良い	スリムで縦長の大画面が良い	片手に収まる小型サイズが良い	特に意識していない
男性/10代	38	21.1%	23.7%	34.2%	21.1%
男性/20代	184	26.6%	25.5%	33.7%	14.1%
男性/30代	213	27.7%	23.5%	31.9%	16.9%
男性/40代	259	32.8%	20.5%	27.4%	19.3%
男性/50代	195	31.3%	16.9%	34.4%	17.4%
男性/60代	154	34.4%	20.8%	24.0%	20.8%
女性/10代	35	17.1%	22.9%	40.0%	20.0%
女性/20代	183	21.3%	22.4%	40.4%	15.8%
女性/30代	205	21.5%	24.4%	35.1%	19.0%
女性/40代	259	23.2%	20.5%	34.0%	22.4%
女性/50代	212	31.1%	24.1%	20.8%	24.1%
女性/60代	149	32.2%	20.8%	25.5%	21.5%

出所：MMD研究所「2020年2月スマートフォン端末に関する意識調査」

図8 折り畳みスマートフォンのニーズ(年代別)

年代	n	使ってみたい	やや使ってみたい	あまり使ってみたいとは思わない	使ってみたいとは思わない
10代	73	23.3%	21.9%	34.2%	20.5%
20代	367	24.8%	29.4%	27.8%	18.0%
30代	418	22.2%	33.0%	26.3%	18.4%
40代	518	16.2%	32.6%	30.9%	20.3%
50代	407	15.0%	31.0%	33.7%	20.4%
60代	303	11.6%	32.0%	40.3%	16.2%

出所：MMD研究所「2020年2月スマートフォン端末に関する意識調査」

第3章

都道府県ランキングに一喜一憂するなかれ

3-1

最下位（47位）は茨城？　栃木？　佐賀？都道府県魅力度ランキングとは何の魅力か？

毎年恒例の「都道府県魅力度ランキング」は、1位より最下位に注目が集まる。22年の最下位は佐賀県だった。その発表前、大東建託が独自の魅力度調査を公表。ランキング1位は福岡県だった。納得感が高いのはどちらの結果だろうか？

1位よりも近年はもっぱら最下位争いが注目される「都道府県魅力度ランキング」が22年10月8日に発表された。これは民間の調査会社、ブランド総合研究所（東京・港）が毎年実施している「地域ブランド調査」の1つ。13～19年まで7年連続で茨城県の最下位が続き、20年は栃木県が最下位に。22年は佐賀県が初の最下位という結果だった（**図1**）。

ブランド総研の都道府県魅力度ランキングは調査開始以来、北海道が14年連続でトップに君臨している。22年の北海道の魅力度は73・3点で、2位の京都府（57・3点）に大差をつけており、その座は今後も当分揺らぎそうにない。それゆえ1位にニュース性がなく、最下位争いに注目が集まってしまう構図になっている。

図1 都道府県魅力度ランキング、2009〜2022年のトップ5と下位3県

	1位	2位	3位	4位	5位	…	45位	46位	47位
2022年	北海道	京都府	沖縄県	東京都	大阪府	…	埼玉県	茨城県	佐賀県
2021年	北海道	京都府	沖縄県	東京都	大阪府	…	埼玉県	佐賀県	茨城県
2020年	北海道	京都府	沖縄県	東京都	神奈川県	…	佐賀県	徳島県	栃木県
2019年	北海道	京都府	東京都	沖縄県	神奈川県	…	群馬県	佐賀県	茨城県
2018年	北海道	京都府	東京都	沖縄県	神奈川県	…	佐賀県	徳島県	茨城県
2017年	北海道	京都府	東京都	沖縄県	神奈川県	…	佐賀県	徳島県	茨城県
2016年	北海道	京都府	東京都	沖縄県	神奈川県	…	群馬県	栃木県	茨城県
2015年	北海道	京都府	東京都	沖縄県	神奈川県	…	佐賀県	埼玉県	茨城県
2014年	北海道	京都府	沖縄県	東京都	神奈川県	…	福井県	群馬県	茨城県
2013年	北海道	京都府	沖縄県	東京都	神奈川県	…	埼玉県	佐賀県	茨城県
2012年	北海道	京都府	沖縄県	東京都	奈良県	…	佐賀県	茨城県	群馬県
2011年	北海道	京都府	沖縄県	東京都	奈良県	…	佐賀県	埼玉県	茨城県
2010年	北海道	京都府	沖縄県	東京都	奈良県	…	栃木県	佐賀県	茨城県
2009年	北海道	京都府	沖縄県	東京都	奈良県	…	群馬県	佐賀県	茨城県

出所：ブランド総合研究所「都道府県魅力度ランキング」各年度の結果リリースから

実はこの発表の3日前、「街の魅力度（都道府県）ランキング　トップは福岡県」というプレスリリースがあった。調査・発表元は、賃貸物件検索「いい部屋ネット」で知られる大東建託。毎年恒例のブランド総研の発表に先んじて、異なる結果をぶつけにいった格好だ。

大東建託がこのタイミングで公表したランキングは、北海道が魅力度で圧倒というブランド総研の結果に対し、調査手法次第でそれは覆ることを突きつけた興味深い事例である（**図2**）。なぜこのような違いが生じたのか。

都道府県の魅力度は観光意欲とほぼほぼ一致

まず、双方の調査手法の違いを把握しておこう。ブランド総研の調査は、インターネット調査のモニターに1人当たり15～16県を提示し、「どの程度魅力を感じますか？」と問う。回答は5択で、「とても魅力的」100点、「やや魅力的」50点、「どちらでもない」「あまり魅力を感じない」「全く魅力的でない」は0点扱いとし、加重平均して点数を算出する。回答者数は各都道府県平均1056人。調査時期は22年6月22日～7月4日。

※魅力度（点）＝「とても魅力的」回答者割合（％）×100点＋「やや魅力的」回答者割合（％）×50点

一方の大東建託は、居住者と非居住者に分けて尋ねているのが特徴だ。居住者には、生活利便性や行政サービス、静かさ・治安など居住満足度を探る設問や、主観的な幸福度、住み続けたい意向など12項目。非居住者には、居住・訪問経験やその希望、認知度、「住みやすそう」「自然が豊か」「買い物や飲食、娯楽が楽しめる」といったイメージ評価など18

項目を尋ね、計30項目でそれぞれの順位の平均を基に算出する。満足度などは5段階、居住・観光経験は2段階、幸福度は10段階で評価。調査モニター1人当たり、現在の居住県と、ランダムに割り当てられる非居住の1県について回答する。回答者数は各都道府県

図2 14年連続魅力度首位の北海道が、大東建託の魅力度調査では9位

順位	ブランド総研	大東建託
1位	北海道	福岡県
2位	京都府	兵庫県
3位	沖縄県	神奈川県
4位	東京都	京都府
5位	大阪府	東京都
6位	神奈川県	長野県
7位	福岡県	大阪府
8位	奈良県	奈良県
9位	長崎県	北海道
10位	石川県	沖縄県
11位	兵庫県	静岡県
12位	長野県	石川県
13位	千葉県	広島県
14位	静岡県	愛知県
15位	宮城県	熊本県
16位	鹿児島県	千葉県
17位	熊本県	香川県
18位	広島県	大分県
19位	青森県	宮城県
20位	愛知県	宮崎県
21位	宮崎県	滋賀県
22位	三重県	埼玉県
23位	富山県	鹿児島県
24位	秋田県	岡山県
25位	新潟県	長崎県
26位	和歌山県	愛媛県
27位	山梨県	三重県
28位	山形県	山梨県
29位	大分県	栃木県
30位	高知県	群馬県
31位	岩手県	岐阜県
32位	香川県	富山県
33位	岡山県	新潟県
34位	福島県	福井県
35位	岐阜県	和歌山県
36位	愛媛県	福島県
37位	福井県	山口県
38位	滋賀県	高知県
39位	島根県	佐賀県
40位	栃木県	島根県
41位	徳島県	茨城県
42位	鳥取県	青森県、岩手県、秋田県、山形県、鳥取県、徳島県
43位	山口県	
44位	群馬県	
45位	埼玉県	
46位	茨城県	
47位	佐賀県	

出所：ブランド総研「都道府県魅力度ランキング2022」（左列）、大東建託「街の魅力度ランキング2022（都道府県）」（右列）

3000人以上。調査時期は22年3月8～29日。

大東建託は、当該県居住者にとっての魅力を構成する要素、非居住者にとっての魅力を構成する要素を分解して尋ねて結果をマージすることで、総合的な魅力度を算出している。これに対してブランド総研の魅力度調査は、何の魅力を重視して回答するかは回答者任せだ。

各人各様に魅力の観点がばらけていれば、その総体としての魅力度ランキングがどう出るか、興味が湧く。だが、多くの回答者が仮に「魅力とは娯楽施設が充実していること」という共通認識を持っていれば、魅力度ランキングは娯楽施設が充実している県のランキングとほとんど同じになってしまう。

大東建託は、非居住者を対象に「魅力的だと思う」という設問も立てて調査していたが、集計からは外したという。「魅力的だと思う」と他の設問の回答傾向を比較すると、「観光に訪れたい」および「仕事で行ってみたい」の設問との相関係数が0・908と非常に高く、「魅力的だと思う」の結果を加えると、「観光・仕事で行きたい」の評価を強化することになるためだ（**図3**）。つまり、その県の魅力を漠然と問われたとき、多くの人は観光または仕事で訪れたい意欲度として回答していることになる。

大東建託の調査では、ブランド総研調査で盤石首位の北海道は9位。非居住者で5位、居

図3「魅力的だと思う」と「観光に訪れたい」はほぼ一致

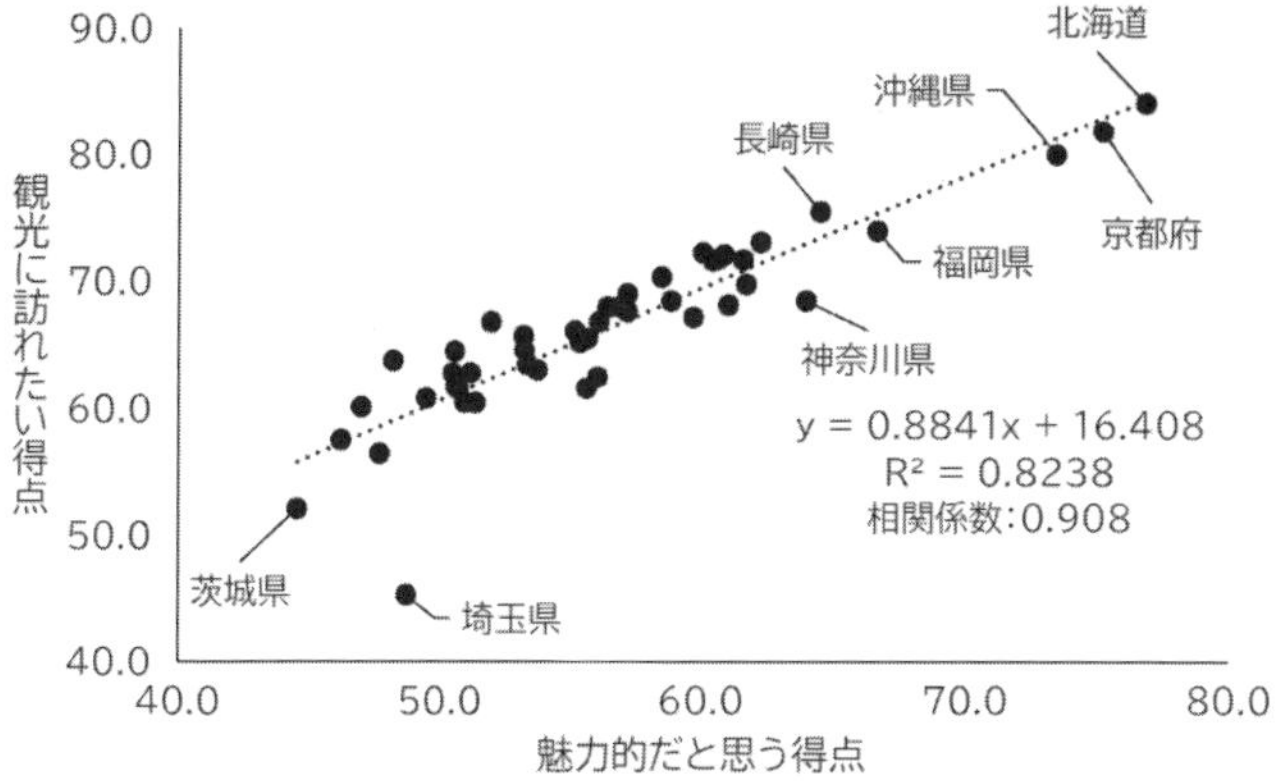

「魅力的だと思う」得点と「観光に訪れたい」得点の散布図

出所：大東建託「街の魅力度ランキング2022（都道府県）」リリースから

住者で23位という結果だった。トータルではさえなかった北海道も、非居住者向けの「観光に訪れたい」および「仕事で行ってみたい」の設問ではともに1位になっている。ブランド総研の魅力度ランキングが、実質的に旅行で訪れたい先ランキングであることを、看破した内容といえるだろう。

もっともブランド総研もさまざまな観点で調査を実施していて、観光意欲度のランキングと魅力度のランキングが酷似していることを示すデータを公開している（**図4**）。

ブランド総研の調査は、実質的に都道府県単位の観光意欲調査の結果として受け止める、受け流すのが賢明だろう。ムキになって反論したり、ショックを受けてランキン

図4 ブランド総研調査でも、魅力度順位と観光意欲度順位は酷似

都道府県	魅力度		観光意欲度		居住意欲度		食品想起率		産品想起率	
47都道府県平均	27.7		43.7		11.4		21.5		3.6	
北海道	1位	73.3	1位	74.7	2位	25.0	1位	55.6	1位	11.5
京都府	2位	57.3	2位	61.8	4位	21.7	7位	29.5	4位	7.4
沖縄県	3位	53.6	3位	60.2	6位	20.5	3位	34.3	3位	7.6
東京都	4位	49.3	4位	55.4	1位	25.3	37位	13.8	10位	4.5
大阪府	5位	43.2	7位	52.5	8位	18.2	2位	35.0	29位	2.9
神奈川県	6位	41.6	9位	49.7	3位	24.9	34位	15.5	14位	4.1
福岡県	7位	40.8	5位	54.3	5位	20.9	10位	28.4	31位	2.7
奈良県	8位	36.9	8位	51.6	13位	12.7	41位	11.9	19位	3.4
長崎県	9位	35.8	6位	52.6	14位	12.5	13位	27.2	21位	3.3
石川県	10位	33.1	12位	48.3	19位	10.8	31位	16.4	2位	9.4
兵庫県	11位	32.4	10位	49.6	7位	18.7	35位	15.2	41位	1.8
長野県	12位	32.2	17位	46.1	12位	12.8	18位	22.5	34位	2.3
千葉県	13位	32.0	14位	47.0	9位	16.3	18位	22.5	38位	1.9
静岡県	14位	30.5	13位	47.8	10位	15.4	16位	24.9	25位	3.1
宮城県	15位	29.6	15位	46.5	19位	10.8	8位	29.3	12位	4.2
鹿児島県	16位	27.6	11位	48.7	16位	11.3	21位	21.3	29位	2.9
熊本県	17位	27.4	16位	46.4	15位	11.6	25位	20.2	16位	3.7
広島県	18位	27.3	19位	44.5	16位	11.3	6位	30.4	21位	3.3
青森県	19位	26.7	32位	39.3	41位	6.5	5位	30.6	9位	4.7
愛知県	20位	25.8	34位	38.7	11位	13.4	11位	28.1	12位	4.2

出所：ブランド総研「都道府県魅力度ランキング2022」リリースから

福岡県と北海道、どっちが魅力的？（写真／Shutterstock）

グを上げようと無理に魅力促進予算を積み増したりするほどのものではない。

魅力度ランキングを観光意欲ランキングとして見るとしても、北海道や京都、沖縄のように観光地と都道府県名がイコールの場合は数字が上がりやすく、人気の観光地を抱えていても県名と一致しない場合は伸び悩むことは押さえておきたい。

20年に最下位だった栃木県も、日光や那須といった人気観光地と県名がひも付いていないことが低迷の要因である。魅力度の算出方法やその意味するところを理解すれば、必要な対策と不要な焦りを区別して対処できるはずだ。

3-2

フェイスブック利用率トップ3は福島、鳥取、佐賀？調査会社が信用できない自主調査を公開

フェイスブック利用率が高い県トップ3は福島、鳥取、佐賀と聞いて納得するだろうか。総務省「通信利用動向調査」の都道府県別SNS利用率とは大きなズレがある。調査会社の自主調査だからといって信頼性が高いわけではない。

フェイスブック利用率が高い都道府県トップ5は、福島、鳥取、佐賀、宮崎、京都。最下位は群馬。インスタグラム利用率が高い都道府県トップ5は、富山、愛知、福島、高知、滋賀。最下位は石川。ツイッター利用率が高い都道府県トップ5は、京都、北海道、高知、東京、群馬。こちらも最下位は石川――（**図1**）。

「なぜこの県が？」という県名ばかり上位に並ぶ自主調査結果を2018年4月に公表した調査会社があった。A社としておこう。A社が保有するモニターから、各都道府県約60人、計2830人（20～40代）の有効回答を抽出して集計したという。

違和感が大きいため、筆者は類似の統計を求めて総務省「通信利用動向調査」の公表数

図1 A社が調査した各SNSの都道府県別利用率ランキング

Facebook

順位	都道府県	(%)
1	福島県	47.5
2	鳥取県	46.5
3	佐賀県	45.5
4	宮崎県	42.6
4	京都府	42.6
6	愛知県	41.3
≀	≀	≀
47	群馬県	19.0

Instagram

順位	都道府県	(%)
1	富山県	41.0
2	愛知県	39.7
3	福島県	39.0
4	高知県	38.8
5	滋賀県	38.7
6	福岡県	35.4
≀	≀	≀
47	石川県	18.0

Twitter

順位	都道府県	(%)
1	京都府	57.4
2	北海道	44.2
3	高知県	42.9
4	東京都	42.4
5	群馬県	41.4
6	岩手県	41.0
≀	≀	≀
47	石川県	13.1

出所：SNSに関する都道府県別利用調査

値と照らし合わせてみた。データは、同時期に調査している平成29年版だ。こちらの世帯構成員編で、「過去1年間にインターネットで利用した機能・サービスと目的・用途」の選択肢に「電子メールの送受信」「オンラインゲームの利用」「ニュースサイトの利用」「商品・サービスの購入・取引」などと並んで、「ソーシャルネットワーキングサービスの利用」がある。フェイスブックやツイッターなど個々のサービスまでは分からないが、いずれか1つ以上を利用している人はこの選択肢をマークしているので、その利用率を都道府県別に並べてみたのが**図2**だ。

前年版（平成28年版）と比べて数字の変化が大きい県もあるため、必ずしも正確とは言えないかもしれないが、トップ5は神奈川、大阪、福岡、沖縄、埼玉で、6位に東京が続く。大都市がある都道府県が

図2 都道府県別のSNS利用率ランキング

順位	都道府県	(%)	順位	都道府県	(%)
1	神奈川県	58.5	24	岐阜県	49.2
2	大阪府	58.0	24	佐賀県	49.2
3	福岡県	57.3	27	秋田県	48.8
4	沖縄県	56.0	28	大分県	48.3
5	埼玉県	55.3	29	広島県	48.2
6	東京都	54.6	30	島根県	48.1
7	北海道	54.5	31	栃木県	47.8
8	滋賀県	53.9	31	長野県	47.8
9	愛知県	53.8	33	熊本県	47.5
10	奈良県	53.3	34	宮崎県	46.5
11	千葉県	52.7	35	宮城県	46.4
12	三重県	52.6	36	鳥取県	46.2
13	群馬県	52.4	37	新潟県	45.7
14	兵庫県	52.3	38	愛媛県	45.3
15	京都府	52.1	39	鹿児島県	44.8
16	高知県	50.7	40	山形県	44.4
17	静岡県	50.6	41	富山県	43.4
17	香川県	50.6	42	長崎県	42.9
19	岡山県	50.3	43	岩手県	42.4
20	石川県	49.7	44	山口県	42.2
21	和歌山県	49.6	45	福井県	42.1
22	茨城県	49.5	46	福島県	41.3
23	徳島県	49.3	47	青森県	37.3
24	山梨県	49.2			

平成29年「通信利用動向調査」※ネット利用者に占める割合

上位にランクインしている。

A社の調査結果でフェイスブック先進県とされる各県は、通信利用動向調査では46位（福島）、36位（鳥取）、24位（佐賀）、34位（宮崎）だ。逆にA社がSNS後進県として挙げた石川は、通信利用動向調査では20位と決して低くはない。

どちらに納得感があるだろうか？ A社のような調査スタイルでリサーチモニターの現住所から都道府県別のSNS利用率を導き出すのはかなり無理がある。

リサーチ会社のモニターは、主にポイントなどの報酬獲得を主目的として、自ら志願して登録モニターになっている。ネットを活用してお小遣い稼ぎをするという時点で、それなりにネットリテラシーは高い。したがって、例えば福島県居住の登録モニターは福島県民のネット活用レベルを代表したモニター群になっているわけではない。また、各県約60人という回答者数の規模もかなり心もとない。ある県でツイッター利用率が50％だったとして、再調査した場合、40％未満～60％超の範囲で誤差が生じる。

そして調査結果に対し、「このような結果は、県民性などが関わっているのかもしれません」の一言で片付けているのも誠実さに欠ける。筆者が「何か仮説はないのか？」と問い合わせたところ、「推測をお伝えできるほどの分析量がない」との回答だった。A社は日本マーケティング・リサーチ協会の加盟企業でもある。いくら自主調査とはいえ、不可解な結果を垂れ流すだけでは、かえってリサーチを活用、依頼しようとする一般企業に対してもネガティブな印象を与えてしまうだろう。

3-3

転入超過数1位の東京23区が一転、転出超過にコロナを契機に東京からの大脱出が始まった？

2021年、東京23区からの転出者が転入者を上回る「転出超過」が起きた。テレワークなら地方でも仕事が可能。メディアは移住をもてはやした。だが翌22年には再び転入超過に。東京の人口の出入りに何が起きているのか？

日本の人口が減少に転じて10年あまり。ただし人口は全国一律に減るのではなく、東京都および東京23区の人口は増え続けてきた。東京都も少子高齢化で、近年は死亡数が出生数を上回っている。それでも人口が増えるのは、東京から出ていく「転出者」より東京に入ってくる「転入者」が多いためだ。

そんな人の移動が、新型コロナウイルス感染拡大下で大きく動いた。例年7～8万人前後あった東京都の転入超過数が、２０２１年はわずか５４３３人に。東京23区は例年６万人だった転入超過数が、21年は１万４８２８人の「転出超過」に転じた（**図1**）。

メディアは「コロナをきっかけに『脱・東京』の動きが始まった」とばかりに、地方へ

図1 東京都、東京23区の「転入超過数」の推移

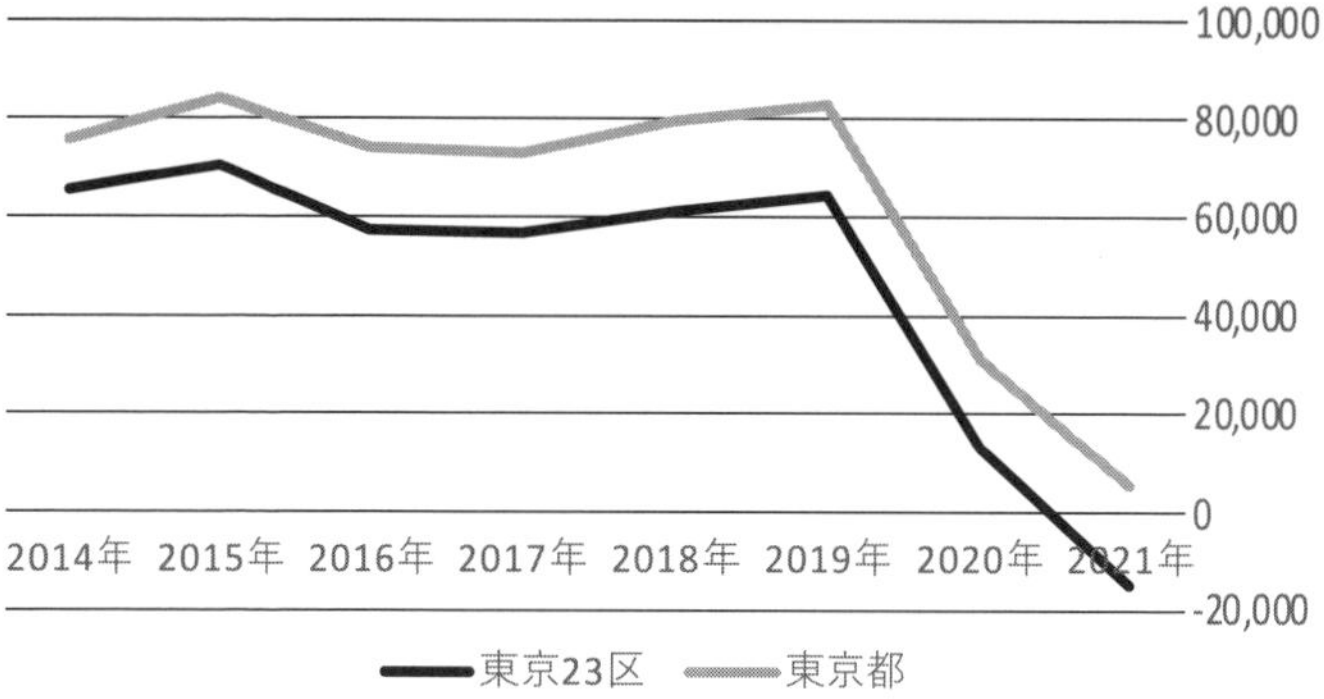

図2 居住地を自由に選べる制度が充実

2022年4月	ヤフー	「どこでもオフィス」の拡充	国内どこでも居住可能。交通費月額15万円、片道6500円の上限を撤廃。飛行機、特急利用可能。「どこでもオフィス手当て」最大月1万円補助
2021年10月	LINE	「LINE Hybrid Working Style」	出社と在宅勤務の比率を部署単位で決定。居住地は午前11時までに出社可能なエリアを推奨。出社時交通費の上限は1日5000円、月額10万円
2021年9月	メルカリ	「YOUR CHOICE」	日本国内であれば住む場所、働く場所を社員が選択可能。通勤交通費は月15万円上限
2021年4月	ANA	ワーケーション制度	休暇滞在先でのリモートワークによる就業可
2020年9月	PayPay	「Work From Anywhere at Anytime (WFA)」	国内のカフェや図書館などでも勤務可能。ワーケーションも可。交通費は実費精算。自宅の勤務環境を整える費用として年10万円を補助

の移住を決めた夫婦への密着取材のほか、必要に応じて飛行機での出社を認める一部企業の居住地自由選択制度などを大々的に報じた（**図2**）。

だが、一時的に起きた転出超過を東京からの大脱出と見るのは早計だ。転入・転出の計算は、転入者数から転出者数を引き算して、プラスなら転入超過、マイナスになれば転出超過だ。マイナスになるのは転出者が増えるパターンだけではない。転入者が減るパターンもある。コロナ禍で起きたのは、どちらかといえば東京への転入者が減った要素のほうが強い（**図3**）。本来であれば上京を予定していた人が一時的に見合わせた格好だ。実際、翌22年は再び転入超過に転じている。

コロナ禍で東京からの転出者は増えているが、これはコロナ禍で急に起きた現象ではなく、コロナ禍以前から増えている。昨今のマンション価格高騰の影響が大きい。

不動産経済研究所の「首都圏新築分譲マンション市場動向」によると、東京23区のマンション平均価格は、12年の5283万円から22年は8236万円にまで高騰。平米単価は80・1万円から128・8万円へ、10年間で60％も上がった（**図4**）。おいそれと手を出せる水準ではなくなったことで、長らく続いた都心回帰が一転、ドーナツ化現象に転じ、国道16号線が再び脚光を浴びている。

図3 転出増はコロナ前から。コロナ禍で転入減

	東京23区			東京都		
	転入者数	転出者数	転入超過数	転入者数	転出者数	転入超過数
2022年	384,643	363,223	21,420	439,787	401,764	38,023
2021年	365,174	380,002	-14,828	420,167	414,734	5,433
2020年	378,541	365,507	13,034	432,930	401,805	31,125
2019年	408,595	344,419	64,176	466,849	383,867	82,982
2018年	401,402	340,493	60,909	460,628	380,784	79,844
2017年	394,756	337,746	57,010	453,900	380,776	73,124
2016年	385,150	328,068	57,082	445,306	370,982	74,324
2015年	397,935	327,445	70,490	456,635	372,404	84,231
2014年	375,570	309,916	65,654	431,670	355,643	76,027

図4 都心でマンションを購入するのは難しくなった

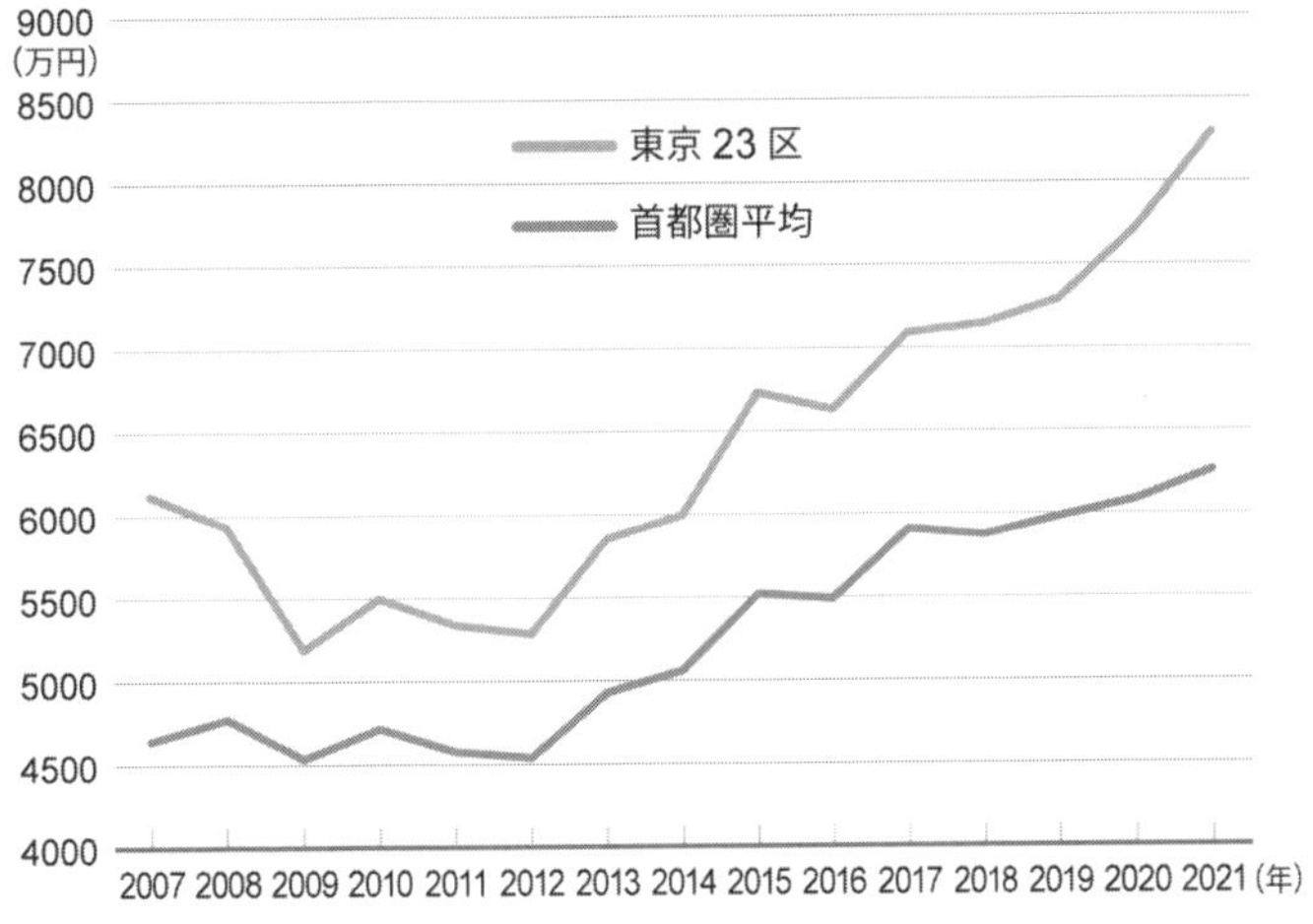

3-4

「彼氏いない」1位、介護・看護時間1位 愛媛県「まじめ」PRが「ふまじめ」だと炎上

都道府県ランキングから県民性を見いだし、県のPR戦略に活用しようとした愛媛県。発想はユニークだったが、着目したランキングとその解釈で世間と大きなズレがあった。全国区で話題になった炎上トラブルを振り返る。

都道府県ランキングをきっかけに、ネット炎上に至った〝事件〟を紹介しておきたい。２０１９年の暮れ、愛媛県のＰＲ戦略「まじめえひめプロジェクト」のコンセプト動画「愛媛県まじめ会議」が炎上した（**図1**）。

この動画では、「まじめえひめ」というキャッチフレーズが県庁職員の議論で決まる過程をドキュメンタリー調で面白おかしく描いた（つもりだった）。だが、YouTubeや交通機関、公共施設などで公開された動画が県民に知られるにつれ、県議会議員のもとに苦情が寄せられるようになり、全国キー局のワイドショーでも騒動として取り上げられるに至った。

愛媛県の女性は「まじめ」と県がアピールして炎上

問題になったのは、愛媛県民が真面目である論拠として「介護・看護をしている時間　全国1位」「彼氏がいない独身女性の多さ　全国1位」を挙げていた点だ。介護・看護の時間は、総務省統計局「社会生活基本調査」の06年と11年の結果から算出したもの。介護・看護時間の長さを、他人を思いやる気持ちの表れと見て、〝まじめ〟と解釈した。

だが介護時間の長さは、一概に美談にできるものではない。介護時間が長いのは、平均寿命と健康寿命の乖離が大きいことが要因の可能性があり、そうであれば決して望ましいことではない。また、介護の専門施設に委託したくても施設の数や受け入れ態勢が不十分だったり、金銭的に厳しかったりす

図1 県PR動画が炎上

愛媛県まじめ会議
愛媛県民は
どまじめだったのか
ドラマ風コンセプト動画
「愛媛県まじめ会議」
愛媛県庁内の会議を舞台に、
県庁職員が県民性である「まじめ」に気づき、
プロジェクトが決定していく様子を
ドキュメンタリー風動画で公開しています。
クスッと笑えるまじめエピソードも！

「まじめえひめプロジェクト」のサイトより

るケースもあるだろう。総じて介護の仕事が降りかかってきやすい女性から不満の声が上がるのも無理からぬことだ。

30人中22人が「彼氏いない」、全国トップだから「まじめ」

もう一方の彼氏がいない独身女性の多さは、公的な統計調査ではない。P&Gが15年3月にリリースした「春のドライブデート実態調査」の数字を使っている。クルマ用消臭芳香剤「ファブリーズ プレミアムクリップ」の販売促進のために実施した〝お手軽アンケート企画〟だ（**図2**）。

ドライブデート経験のある20～30代独身女性に質問したもので、回答者は各県たったの30人（人口の多い10都道府県は各100人）。30人中22人が「彼氏がいない」と回答した愛媛県と長

図2 彼氏の有無

彼氏がいない県ランキング		
	全国平均	73.3
1位	愛媛県	73.3
1位	長野県	73.3
3位	山口県	70.0
4位	北海道	68.0
5位	富山県	66.7

出所：P&G「春のドライブデート実態調査」（2015年3月）

野県が「彼氏がいない県ランキング」のトップに立ち、これを愛媛県は「おしとやかで真面目」と解釈してアピール材料にした格好だ。当然ながら、「彼氏がいると不真面目なのか？」と批判を浴びることになった。

ちなみに都道府県別の生涯未婚率ランキング（高い順）で愛媛県の女性は10位（国立社会保障・人口問題研究所の２０１５年の推計値）。高いほうではあるが、まだ上に９都道府県が控えている。「n＝30」のサンプル数で女性を評価するのは不真面目が過ぎたようだ。人のライフスタイルや、既婚・未婚など人生の選択に関わることで笑いを取るのは慎重であるべきだろう。

第4章

「若者の○○離れ」のウソ・ホント

4-1

「若者の○○離れ」の代表格、アルコール（お酒）酒類消費減は若者のせい？　本当に付き合いが悪い？

車、お酒、海外旅行、新聞、読書、恋愛・結婚、テレビ、政治、ギャンブル――。「若者の○○離れ」というフレーズでよく挙がるのがこれらの行動、関心だ。消費低迷の理由を「若者のせい」にしている感もあるが、本当だろうか？

「若者の○○離れ」というフレーズが定着して久しい。その元祖は恐らく「活字」だろう。「読書をしない若者、月ゼロ冊が○％」といった具合に嘆いては、その元凶として漫画やゲームを挙げてたたくのがお約束の流れだった。かつての若者には人気だったが近年はそうでもない事象を○○に当てはめてその要因を分析するフォーマットが定番化している。

ここでは「アルコール（お酒）離れ」を取り上げる。2018年にDeNAトラベル（現エアトリ）が実施した「若者○○離れ」に関する調査では、お酒は5番目に挙がる（**図1**）。だが20代が挙げるトップ5にお酒離れはない（**図2**）。

図1 「若者の○○離れ」を実感するもの

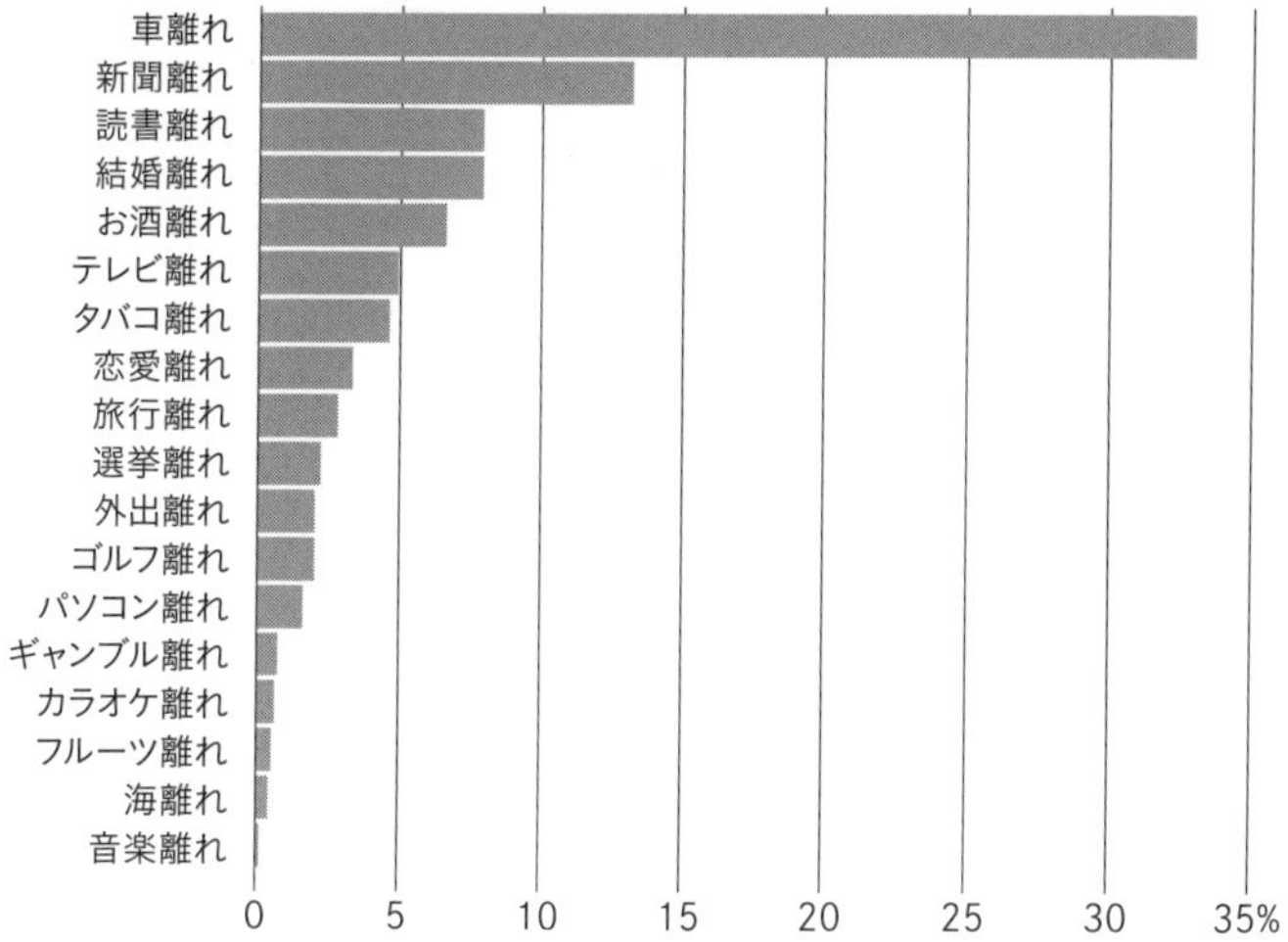

図2 年代別に見る「若者の○○離れ」を実感するもの

	20代以下 (n=88)	30代 (n=121)	40代 (n=235)	50代 (n=345)	60代以上 (n=395)
1	**車離れ**	**車離れ**	**車離れ**	**車離れ**	**車離れ**
	24.4%	**28.1%**	**39.1%**	**40.3%**	**28.5%**
2	新聞離れ	新聞離れ	お酒離れ	新聞離れ	新聞離れ
	18.6%	12.4%	8.5%	15.1%	14.4%
3	テレビ離れ	テレビ離れ	新聞離れ	結婚離れ	読書離れ
	12.8%	5.8%	7.7%	7.8%	9.6%
4	タバコ離れ	タバコ離れ	テレビ離れ	読書離れ	結婚離れ
	12.8%	5.8%	5.5%	6.7%	9.3%
5	結婚離れ	お酒離れ	結婚離れ	お酒離れ	お酒離れ
	9.3%	5.8%	5.5%	5.2%	7.2%

出所：DeNAトラベル（現エアトリ）「『若者の○○離れ』に関する調査」2018年2月

若者は今、どこで飲んでいるのか？ 居酒屋需要の受け皿が急伸

日経ＭＪ「２０２２年ヒット商品番付」で西の横綱に挙がったのが、コロナ禍で中止・縮小されてきたイベントやレジャーの復活を意味する「＃３年ぶり」。22～23年の年末年始は久々に忘年会・新年会を開いた、参加したという人も多かっただろう。

だが居酒屋チェーンはすぐさまコロナ禍前に戻ったわけではなかった。居酒屋チェーン大手のチムニーでは、22年12月の既存店売上高が前年同月比１２０％となったが、。20年12月は前年同月比３分の１以下に落ち込んでいたため、19年12月と比べると６割台の水準にとどまった。その理由についてはさまざまな見方があった。

・22年暮れは依然としてコロナ禍にあり、大人数での忘年会はためらわれた
・コロナ前から、職場単位での半ば強制参加的な飲み会に対する疑問が若手社員を中心に噴出していた
・コロナ禍で定着した「家飲み」である程度満足している
・若者のアルコール離れ、あえて飲まない生き方「ソバーキュリアス」の台頭、など

図3【10〜30代】「○○離れ」しているが、本当はやりたいもの

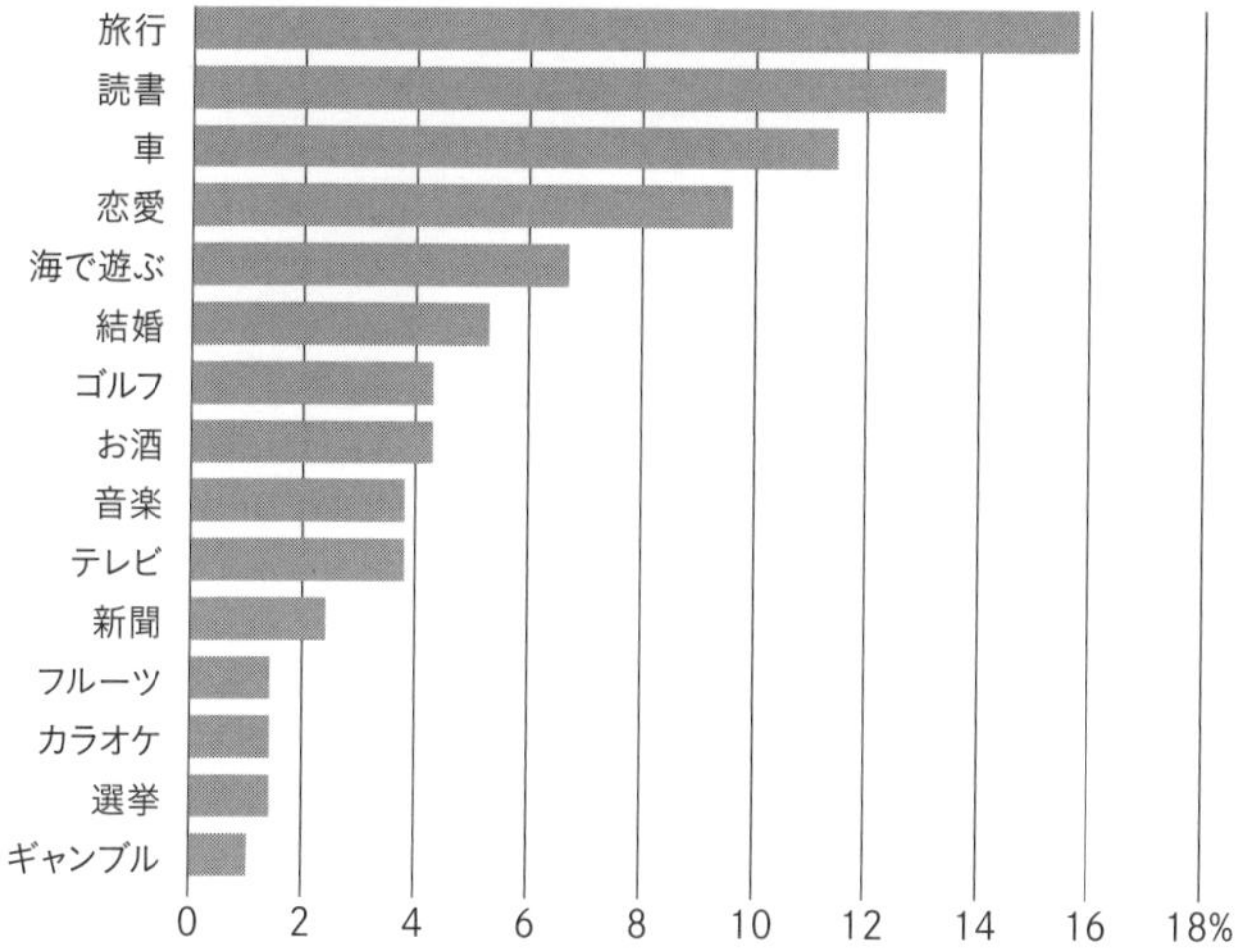

年配層から見れば、飲まない若者、人との交流を避けている若者に映るかもしれない。本当に若者は閉じこもってしまっているのだろうか？

実際、20〜30代は気の合う仲間と集まっているし、好みのアルコールを飲んでもいる（**図3**参考）。いったいどこで？　表に看板の出ていない〝店〟で、だ。

２０２３年１月２日、神奈川県に住む主婦、吉田さちえさん（27歳、仮名）は、お正月を親族17人で集まって過ごした。場所は、ＪＲ東海道本線平塚駅から徒歩４分のレンタルスペース「シェアスペーlux平塚」。40平方メートル超のスペースに、ローテーブル５台、ソファ３

台、クッション9個、ダイニングテーブルにチェア8脚が据えられ、65インチの大型モニターでゲームも楽しめる。大人17人だと手狭になるが、子供たちを含む17人のため、むしろ目が届きやすいサイズだ。

食べログで飲食店を検索・予約する感覚でスペース選び

「兄弟が多く、親族みんなで集まれる広い場所がないので、レンタルスペースを利用しました。駅近で周辺に駐車場があってアクセスがよく、コンビニが目の前にあるのが選んだポイントです。前年のお正月もここを借りて好評だったため、今年も同じスペースを借りて集まりました」（吉田さん）。

正月に親族が集まる場合、親族の誰かの家に集結することになるが、人数が多くなれば出迎える世帯の負担が大きくなり、出向くほうも何かと気を使う。それを避けるために飲食店を利用すると、時間制限があってゆっくりくつろげなかったり、子供たちが店内を駆け回って迷惑を掛けないか不安になったりと、別の課題が生じる。正月料金の飲食は、割高にもなりやすい。

小さい子供を含む親族17人で集まるなら、自宅か飲食店か、それとも？

「自分たちだけの空間でゆっくり好きなように過ごせるのがレンタルスペースの魅力です。それぞれが食べたいものや飲みたいものを持ち寄って、ホームパーティー感覚で過ごすことができます。メニューの好き嫌いや割り勘といった煩わしさもありません。また、お正月やお盆など親族の集まりの際は利用したいです」（吉田さん）。1月2日の午後5〜9時まで4時間、このレンタルスペースで過ごし、支払った利用料金は1万4091円だった。

吉田さんがレンタルスペースの検索・予約に利用したのが、スペースを

希望のエリア、広さ、価格帯などから検索・予約が可能

貸し借りできるシェアリングプラットフォーム「スペースマーケット」（同名の東証グロース上場企業が運営）。掲載スペース数は全国２万２０００件を超え（22年11月時点）、住宅、古民家、撮影スタジオから廃校まで、多岐にわたるスペースが、パーティーや撮影、会議などに利用されている。

同社マーケティンググループの檜山良太氏は、「22年11～12月は、サッカーW杯観戦目的でレンタルスペースが利用されました。大きなモニター画面やプロジェクターが完備されていることや、深夜帯でも安心して仲間と集まりやすかったことが人気の理由です」と説明する。W杯は試合時間が深夜帯だったため、パブリックビューイング企画は限定的だったが、レンタルスペースを使えば仲間内でプライベートビューイングを楽しめる。

このほか近年の利用動向としては、特定の芸能人や声優、漫画やアニメのキャラクターを仲間と一緒に応援する「推し会」目的のスペース利用が飛躍的に伸び、22年はコロナ前の19年比で18倍に増えたという（**図4**）。また、コロナ禍の行動制限が緩和されたことで「ママ会」人気も再浮上。21年比で倍増した。同社も「子連れで使えるレンタルスペース・レンタルルームまとめ」といった用途別ページを設置し、利用を促進している。

これまでは居酒屋、飲食店の個室、スポーツバー、カラオケボックスの大部屋など、目的に応じて使い分けられてきたが、これらの需要が仲間内のプライベートスペースとして使いやすいレンタルスペースに一気に流れ込んでいる。スペースマーケットの掲載スペース数は右肩上がりで増加し、月間利用スペース数および流通総額は、20年春のコロナ第1波ピーク時にいったん下がった後、再び上昇してコロナ前を大きく上回っている。「コロナ前には戻らない」と悲観的な見方もある居酒屋とは対照的だ。

表に看板の掛かっていない雑居ビルやマンションの一室で、忘年会・新年会、ママ会、スポーツテレビ観戦、ドラマ鑑賞会などは以前にも増して開催されている。持ち込んだ食べ物や飲み物が足りない場合、注文すれば部屋まで運んでくれる出前館やウーバーイーツな

図4 推し会目的のレンタルスペース利用

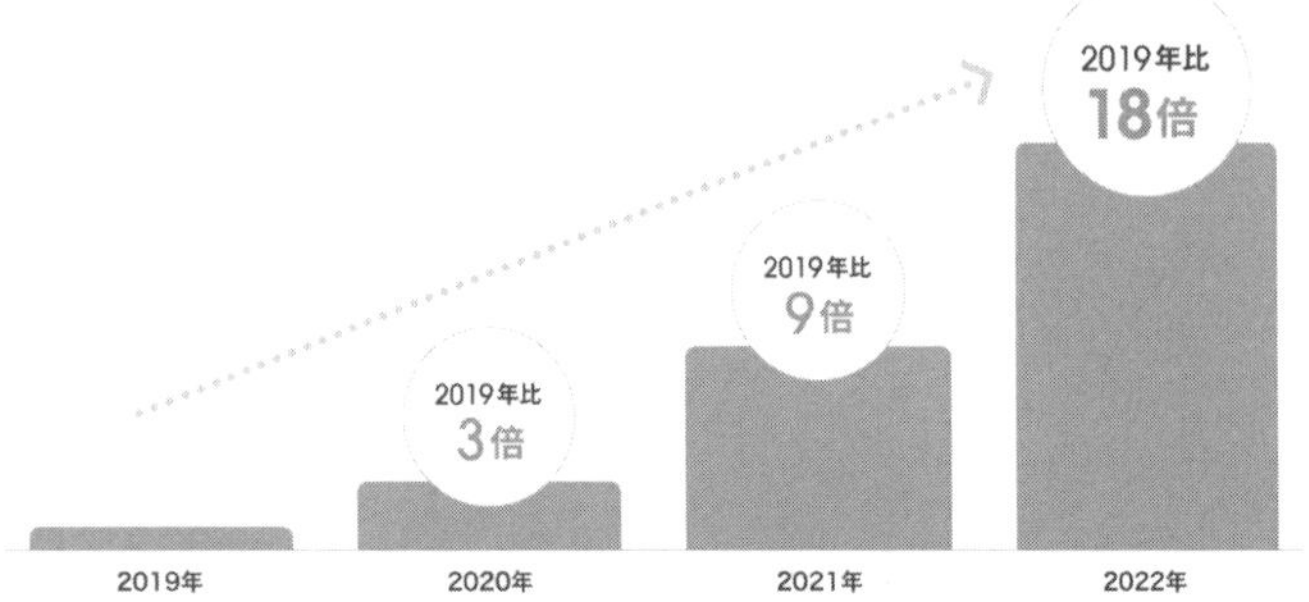

出所：スペースマーケットの説明資料から

どのデリバリーサービスとも相性がいい。

他のグループを気にせず仲間内だけで楽しめ、時間帯も自由に選べるレンタルスペースは、今後も利用が伸びるだろう。居酒屋やカラオケボックスのライバルは同業他社だけではない。利用時間帯の自由度や個室感覚を高めたり、レンタルスペース利用を前提に飲食のケータリングサービスを提供したりといった対応を迫られるだろう。従来型の産業統計では把握しづらいレジャーの広がりに注目しておきたい。

55・1％が「飲まない（飲めない）」人

一方で近年、お酒をあえて飲まない生き方（ソバーキュリアス）も脚光を浴びている。２０２０

年には、ひふみ投信などを販売する独立系資産運用会社、レオス・キャピタルワークス会長兼社長の藤野英人氏が書籍『ゲコノミクス』で、下戸向けの飲料マーケットに着目した。

そもそも「飲まない（飲めない）人」はどれくらいいるのか。19年の厚生労働省「国民健康・栄養調査」によると、飲酒頻度について、「飲まない（飲めない）」は37・2％（**図5**）。「月に1～3回」よりも低頻度の「ほとんど飲まない」15・9％と「やめた」2・0％を合算して「飲まない人」とすると、実に55・1％に上る。男女別に見ると「飲まない人」は男性38・1％、女性は70・3％だ。

「飲む人」が多い男性でも、飲酒習慣は年々低下している。飲酒習慣を「週3回以上の飲酒、飲酒日1日当たり1合以上」と定義して、年代別に20年前、10年前と比較したのが**図6**のグラフだ。

1999年に34・0％あった20代男性の飲酒習慣は、2009年には13・4％に大きく低下し、19年も12・7％とさらに減少している。こうしたデータから「若者のアルコール離れ」という言葉が広まっているわけだが、この傾向は決して若者だけではない。

飲酒頻度の低下は全世代に共通している。20年前と比べて40代男性の飲酒習慣は60・6％から38・3％へ22・3ポイント低下。50代男性も64・3％から41・4％％へ22・9ポイント減と

図5 飲酒の頻度

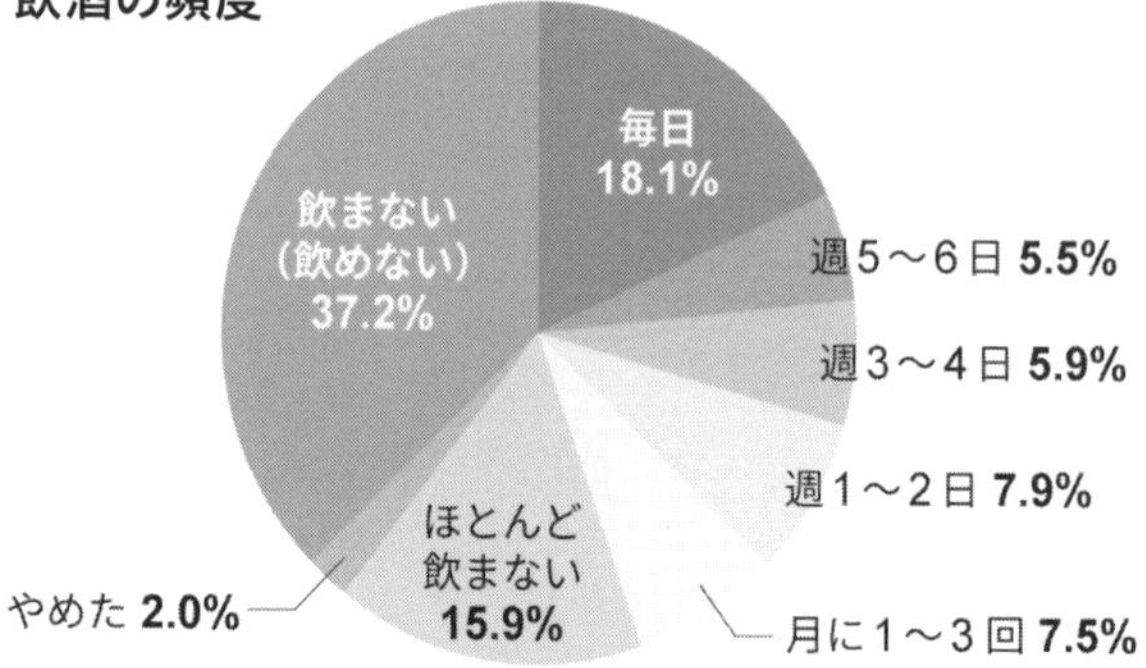

出所:厚生労働省「国民健康・栄養調査」2019年

図6 飲酒習慣がある人の割合(男性)

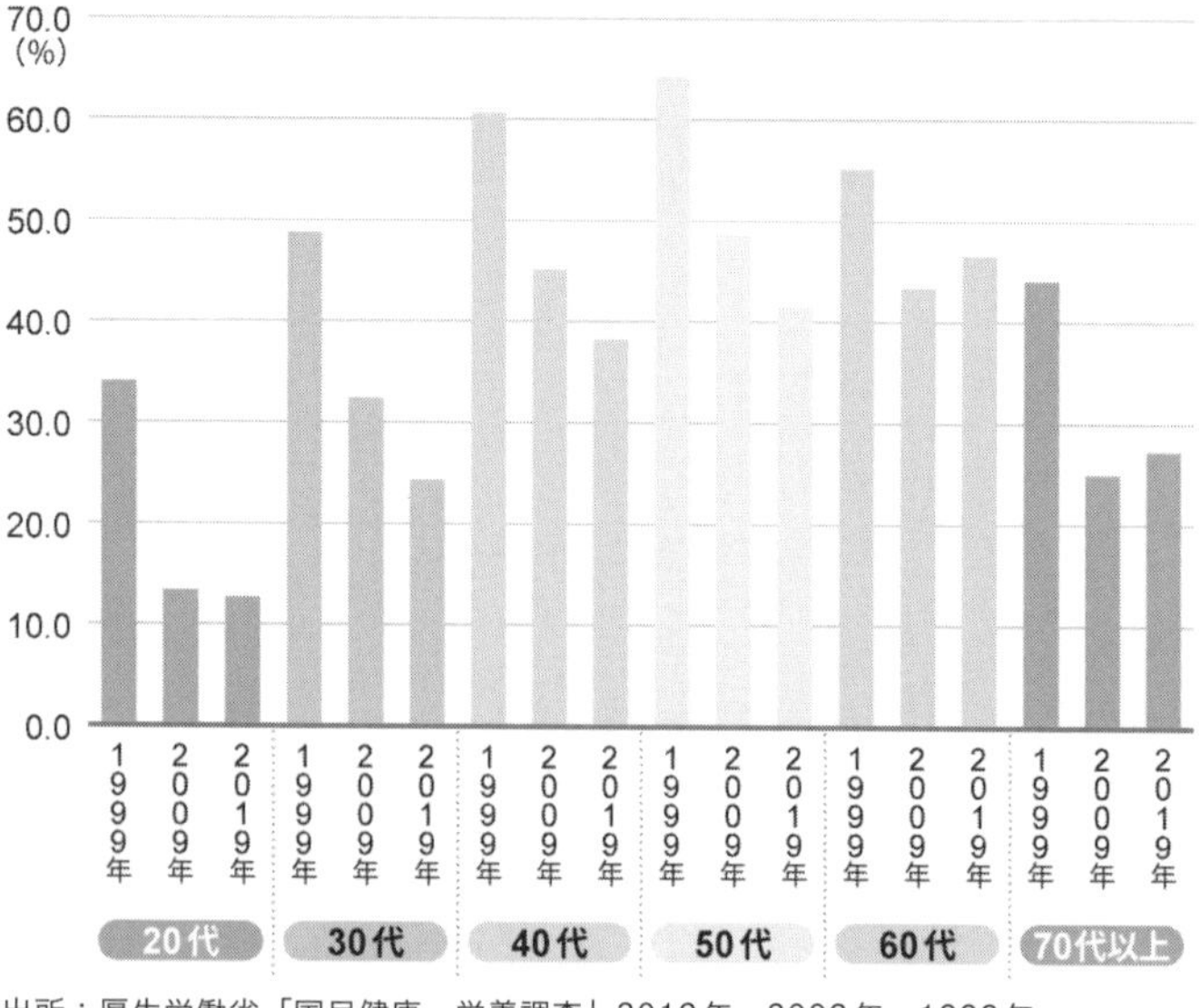

出所:厚生労働省「国民健康・栄養調査」2019年、2009年、1999年

大幅に減少している。

成人1人当たりの酒類消費数量は、ピークだった1992年の101・8リットルから2019年は78・2リットルにまで減った（**図7**）。これは人口が少ない20代のアルコール離れだけでは説明がつかない。

団塊の世代（1947～49年生まれ）が後期高齢者に差し掛かって酒量が落ちることが予想されるため、飲酒量は今後さらに先細る可能性が高い。かつては本来であれば運転代行を依頼すべきところを飲酒運転で帰宅したり、大学生の新歓コンパでは新入生の飲酒が解禁状態になっていたりと社会が飲酒の法規制に対して甘く、それが酒類消費をかさ上げしている面もあった。

したがって飲料メーカーや外食産業が今後の市場の成長を描くには、飲まない（飲めない）人まで含めて飲料提供を考えていく必要があるだろう。

飲まない人・酒が苦手な人は、酒について、飲み会についてどう思っているのか。著者が所属する日経クロストレンド編集部で全国20～60代の男女1000人（年代・男女均等）を対象にアンケートを実施した。

図7 成人1人当たりの酒類消費数量の推移

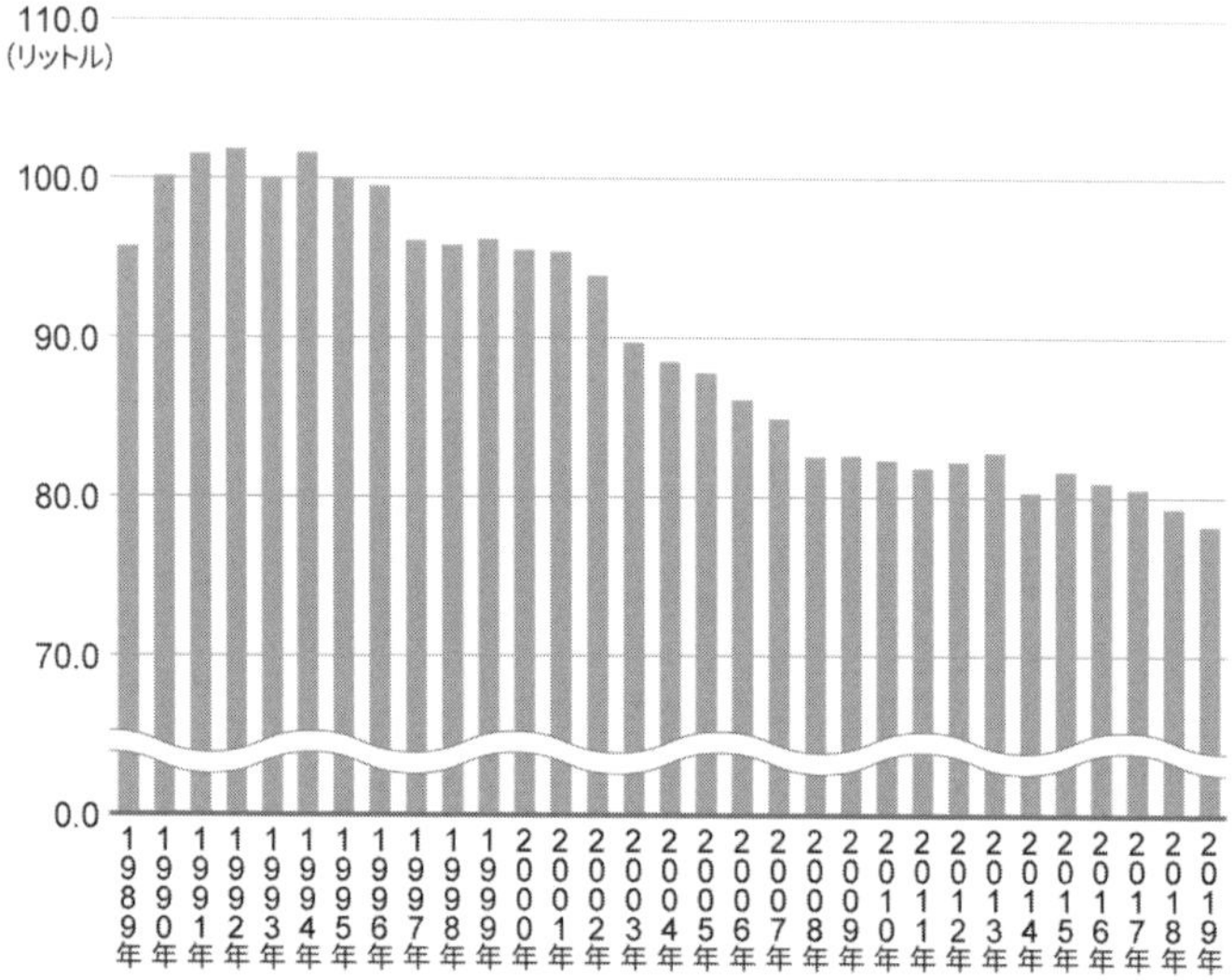

出所：国税庁「酒のしおり」

図8 飲めるvs飲めない（弱い）、酒が好きvs苦手、飲み会好きvs嫌いの8パターン分布

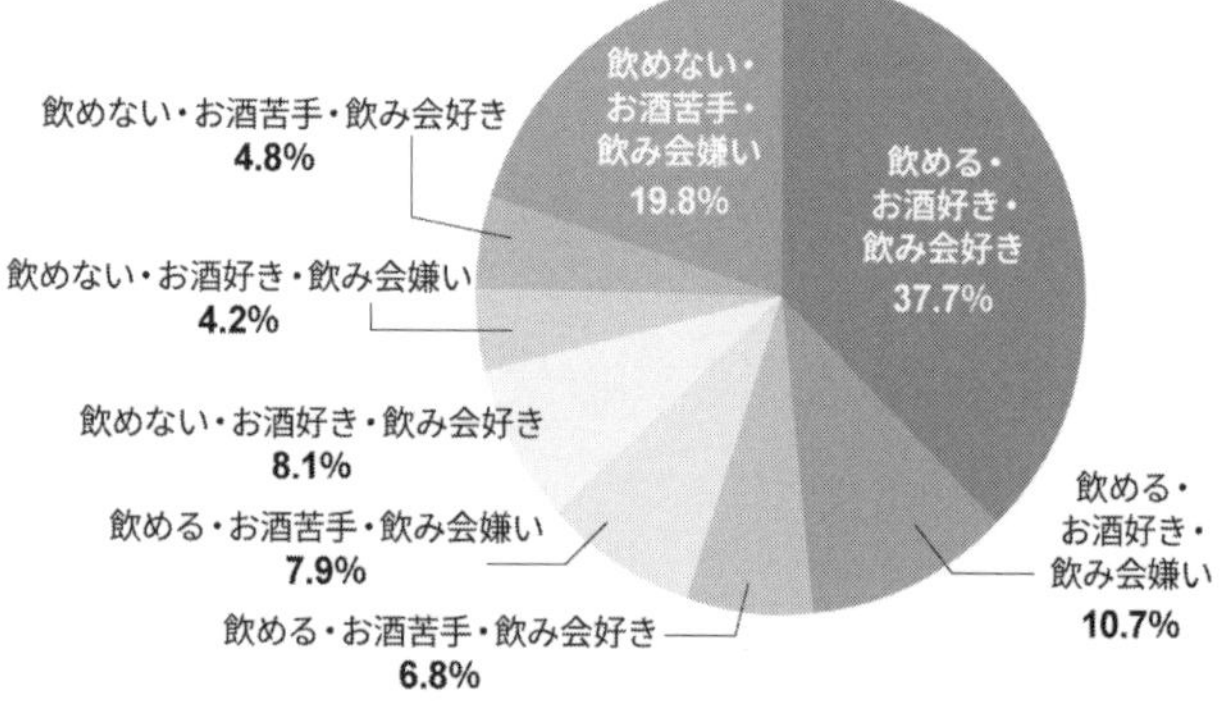

出所：日経クロストレンド「飲み物に関するアンケート」2021年4月

1000人調査で判明、「下戸」はノンアル飲料にもメニューにも不満

まず、自分は酒を「飲める人」か「飲めない（弱い）人」か、酒が「好き」か「苦手」か、飲み会が「好き」か「好きではない」かの3つについて、2択で質問した。飲み会については、半ば強制参加の職場の飲み会を想起させないよう、「仲間と行く飲み会」について聞いた。結果、設問3つとも6割前後が「飲める」「好き」派で、4割前後が「飲めない」「苦手」派だった。

この3つの質問の回答を8パターンに分けると、**図8**のような分布になる。一番多かったのは「飲める」×酒「好き」×飲み会「好き」パターンで37・7％。次いでその正反対、「飲めない（弱い）」×酒「苦手」×飲み会「好きではない」パターンが19・8％で続いた。

上記2パターンが多数派ではあるが、飲める人であれば必ず酒も飲み会も好きとは限らず、逆もしかり。飲める人で酒も好きだが一人でゆったり飲みたいタイプのほか、体質的には飲めるが酒が好きなわけではないタイプや、弱いけれど酒は好きなタイプもいて、それぞれ飲み会の好き嫌いも分かれる。さらに、飲めないし苦手だけど飲み会は好きなタイプもいることが分かる。

図9 ノンアルコールビールを飲むか？

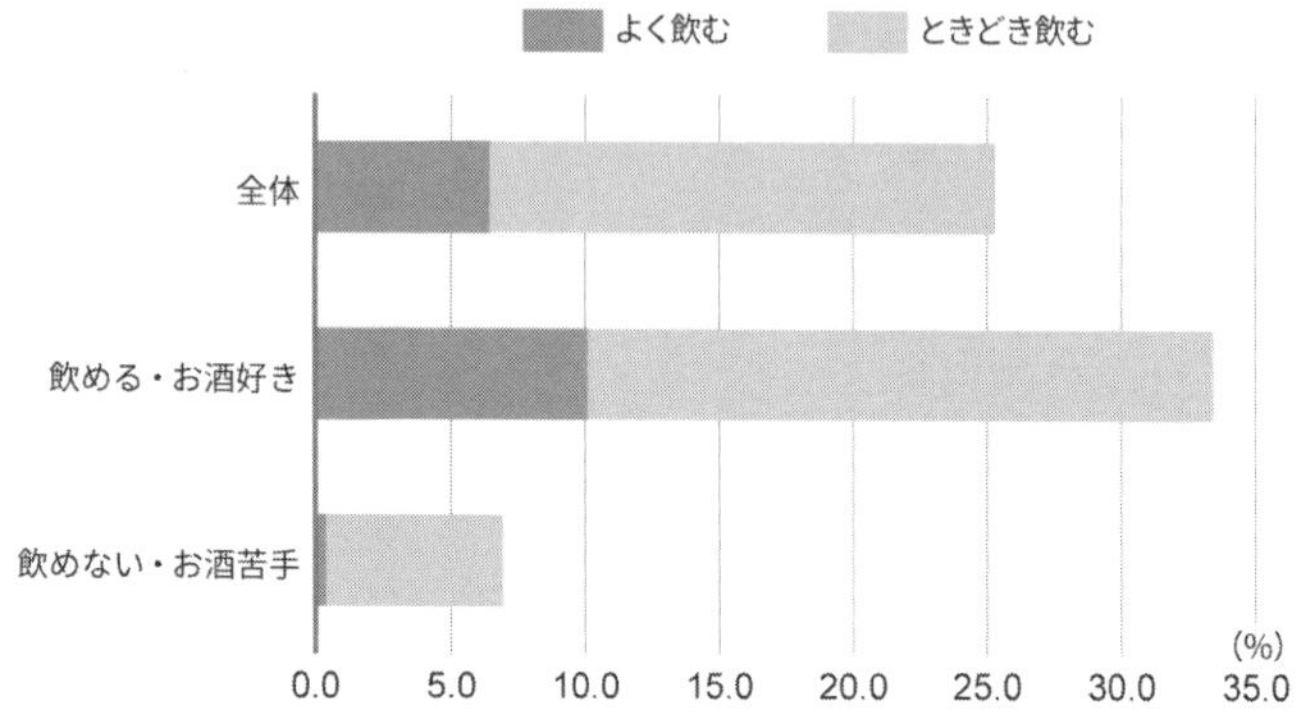

出所：日経クロストレンド「飲み物に関するアンケート」2021年4月

では近年、市場が伸びているノンアルコールビールはどの層に受けているのか。回答者全体では、ノンアルコールビールを「よく飲む」が6・4％、「ときどき飲む」が18・9％だった（**図9**）。

これが「飲める」×酒「好き」な人の場合は、「よく飲む」10・1％、「ときどき飲む」23・3％と、〝飲む派〟が3人に1人に上る。一方、「飲めない」×酒「苦手」な人は、「よく飲む」0・4％、「ときどき飲む」6・5％と、〝飲む派〟は1桁パーセントにとどまる。ノンアル飲料といっても、飲めない人の救世主どころかむしろ敬遠されている様子がうかがえる。基本的に、飲める人が運転や妊娠中など飲むわけにはいかない状況下での選択肢、代替品という位置づけだ。

居酒屋などのノンアルコール・ソフトドリンクメニューに満足しているかどうかについても尋ねてみた。全体では「満足」と「やや満足」を合わせて35・5％が満足派だった。これが「飲める」×酒「好き」な人の場合は、満足派が40・9％に達する一方、「飲めない」×酒「苦手」な人の満足派は19・5％と、2割を切る水準だ。飲めない人のためのメニューが飲めない人から支持されていない。

また、飲み会が「好き」な人の満足派が45・3％と高いのに対し、「好きではない」人の満足派は22・3％と、こちらも大差がついている。酒が飲めない、苦手なのに飲みたくなるようなノンアル・ソフトドリンクがメニューにない……。それが飲み会嫌いを誘発しているようにも見えるデータだ。

飲めない人でも飲みたくなるような、酒席で格好がつく適当なドリンクはないか?……そんな〝飲めない族〟の漠然とした要望は、個々の嗜好の差も大きく、最大公約数を形にして大量販売につなげるのは容易ではない。

飲めない人向けというラベリングではなかったものの、プレミアムな清涼飲料にチャレンジした例はある。キリンビバレッジは14年、「別格」ブランドで、緑茶、コーヒー、生姜炭酸、鉄観音の缶飲料（各375ミリリットル）を200円（税抜き希望小売価格）で発売した。中でも生姜炭酸は、飲めない人が求める飲料としてよく例に挙がる「濃いめのジンジャーエール」を体現したような商品で、評価する声も高かったのだが、いずれも早々に販売終了を迎えた。

もちろん、可能性がないわけではない。「レッドブル」「モンスターエナジー」といったエナジードリンクは、「リポビタンD」「アリナミンV」などの栄養ドリンク（滋養強壮剤）とは似て非なる新市場を確立した。

全国小売店の販売データを集計する日経ＰＯＳ情報で、エナジードリンク販売金額の推移を5年間の長期トレンドで見ると、上下を繰り返しながらも一貫して強い右肩上がり基調にあることが分かる。コールドの缶飲料であることから、基本的に夏場に売り上げが伸びやすく、冬場は伸び悩むのが上下動の要因だが、過去4年（48カ月）で前年同月割れは2回しかない。来店客1000人当たり販売金額は、18年9月の502円から22年9月は1518円と、4年で3倍の成長を見せている（**図10**）

このように、従来のソフトドリンクとはまた別のノンアルドリンクが成立する可能性はあり得る。飲めない人側も、「こんなドリンクなら酒席で飲みたい」という声を上げていくことが、商品化を後押しするきっかけになるだろう。

写真：Shutterstock

図10 エナジードリンクの来店客1000人当たり販売金額の推移

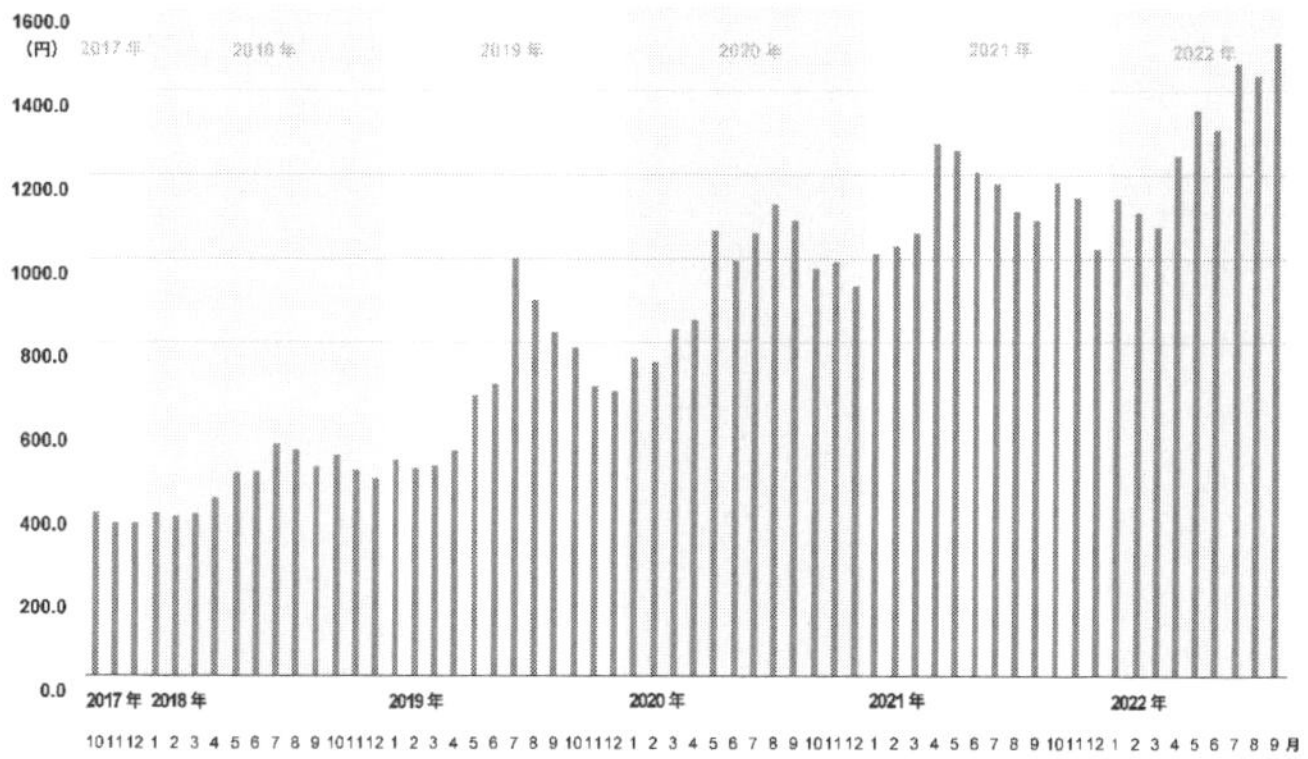

出所：日経POS情報

4-2

投票率1位県は山形県　国政選挙4回連続首位 10代投票率もNo．1を実現した取り組みとは？

２０２２年７月の参議院議員選挙の投票率は52・０５％。都道府県別では山形県が61・８７％でトップだった。10代投票率でも全国トップの山形県の取り組みに、投票率アップのヒントがある。

２０２２年７月10日に投開票が行われた参院選の投票率（選挙区）は52・０５％だった。19年の参院選投票率48・８０％を3・２5ポイント上回った。参院選投票率のワースト記録は１９９５年の44・５２％。次いで２０１９年の48・８０％。１９９２年が50・７２％で、22年の52・０５％は４番目に低い投票率だったということになる。都道府県別に見ると、トップは全国でただ１県60％台に乗せた山形県で61・８７％。衆院選も含めて国政選挙４連覇中だ（**図１**）。

全般的に低い投票率だが、中でも若者の低投票率はやり玉に挙げられている、２０１６年６月に改正公職選挙法の施行で選挙権年齢が「満18歳以上」に引き下げられて迎えた16

図1 国政選挙の都道府県別投票率ランキング

2022年参院選		
1	山形県	61.87%
2	長野県	57.70%
3	東京都	56.55%
4	島根県	56.37%
5	山梨県	56.23%
6	奈良県	55.90%
7	秋田県	55.56%
8	岩手県	55.38%
9	福井県	55.32%
10	新潟県	55.32%
11		
42		
43	茨城県	47.22%
44	栃木県	46.98%
45	広島県	46.79%
46	石川県	46.41%
47	徳島県	45.72%

2021年衆院選		
1	山形県	64.34%
2	新潟県	63.16%
3	島根県	61.55%
4	山梨県	60.57%
5	岩手県	60.38%
6	長野県	59.77%
7	奈良県	59.13%
8	北海道	58.79%
9	佐賀県	58.49%
10	秋田県	58.24%
11		
42		
43	茨城県	52.54%
44	広島県	52.13%
45	福岡県	52.12%
46	岡山県	50.94%
47	山口県	49.67%

2019年参院選		
1	山形県	60.74%
2	岩手県	56.55%
3	秋田県	56.29%
4	新潟県	55.31%
5	長野県	54.29%
6	島根県	54.04%
7	北海道	53.76%
8	福島県	52.41%
9	愛媛県	52.39%
10	滋賀県	51.96%
11		
42		
43	栃木県	44.14%
44	青森県	42.94%
45	福岡県	42.85%
46	宮崎県	41.79%
47	徳島県	38.59%

2017年衆院選		
1	山形県	64.07%
2	新潟県	62.56%
3	山梨県	60.71%
4	島根県	60.64%
5	秋田県	60.57%
6	長野県	60.40%
7	北海道	60.30%
8	佐賀県	59.46%
9	岩手県	59.15%
10	石川県	58.16%
11		
42		
43	岡山県	50.09%
44	千葉県	49.89%
45	兵庫県	48.62%
46	大阪府	48.39%
47	徳島県	46.47%

2016年参院選		
1	長野県	62.86%
2	山形県	62.22%
3	島根県	62.20%
4	秋田県	60.87%
5	新潟県	59.77%
6	三重県	59.75%
7	山梨県	58.83%
8	大分県	58.38%
9	岩手県	57.78%
10	岐阜県	57.74%
11		
42		
43	香川県	50.04%
44	宮崎県	49.76%
45	広島県	49.58%
46	徳島県	46.98%
47	高知県	45.52%

2014年衆院選		
1	島根県	59.24%
2	山梨県	59.18%
3	山形県	59.15%
4	佐賀県	57.77%
5	北海道	56.35%
6	岩手県	56.23%
7	三重県	56.20%
8	大分県	56.11%
9	秋田県	55.78%
10	静岡県	55.61%
11		
42		
43	石川県	49.16%
44	福岡県	48.81%
45	富山県	47.46%
46	徳島県	47.22%
47	青森県	46.83%

出所：総務省　選挙関連資料

年7月の参院選は、全体の投票率が54・70％のところ、10代の投票率は46・78％と健闘。これは20代の投票率（35・60％）だけでなく、30代の投票率（44・24％）をも上回る快挙だった。

だが、初の18歳投票権という看板が外れると、その勢いは早くも息切れしてしまった。17年10月の衆院選では全体の投票率が53・68％のところ、10代の投票率は40・49％にダウン。19年参院選は全体の投票率が48・80％と低調だったが、10代投票率も32・38％にまで低迷。30・96％だった20代の投票率をかろうじて上回ったものの、ほぼ横並びの低水準になった。21年衆院選では20代投票率36・50％を大きく上回る43・21％と盛り返したが、22年参院選は35・42％で全体平均を16ポイント超下回った。

周囲が投票に行く環境なら投票率は上がる

では、若者の投票率を上げるにはどうすればよいか？　10代の投票率が高い県にヒントがあるに違いない。そこで17年10月の衆院選投票率データから、10代投票率の都道府県別ランキングを作成してみた。トップ5とワースト5は**図2**の通りだ。

図2 2017年10月の衆院選における10代投票率の都道府県別トップ5&ワースト5

順位		18歳	19歳	10代	全体
1	山形県	58.28	35.93	**47.24**	64.07
2	愛知県	52.85	40.93	**46.79**	54.65
3	山梨県	57.61	35.13	**46.22**	60.71
4	北海道	54.22	37.93	**45.97**	60.30
5	新潟県	56.65	33.11	**44.80**	62.56
	全国	47.87	33.25	**40.49**	53.68
43	岡山県	42.59	25.69	**34.06**	50.09
44	高知県	44.01	23.70	**34.03**	51.87
45	愛媛県	43.77	21.81	**32.84**	50.74
46	兵庫県	37.88	26.40	**32.08**	48.62
47	徳島県	41.61	21.69	**31.59**	46.47

出所：総務省　選挙関連資料

トップは全体の投票率でも47都道府県中1位だった山形県。2位の愛知県を除いてトップ5はいずれも全体投票率が60%を超える高投票率県だった。2位の愛知県は他県と異なり、19歳の投票率が比較的高いことで上位にランクインを果たした。19歳の投票率は、住民票を移さないまま親元を離れる学生が多いため、18歳に比べると低くなりがちだ。また、地元に残る人が多い都市部は投票率が高めで、流出元になりやすい地方の県では投票率が低くなるという地域性が出やすい。したがって、参政意識の高低は18歳投票率のほうに強

図3 都道府県別の18歳投票率と全体の投票率をマッピング

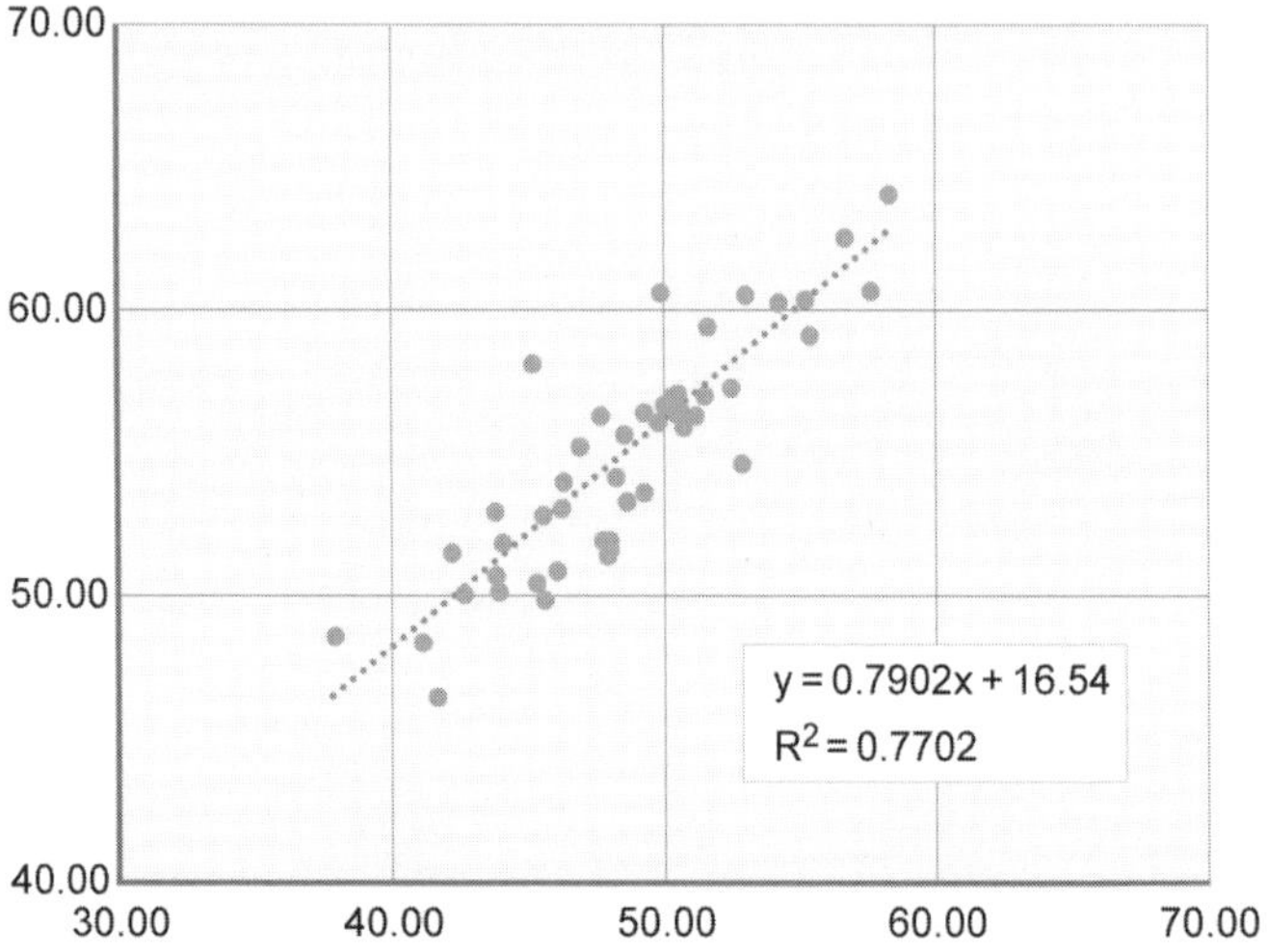

全体の投票率（縦軸）が高い県は18歳投票率（横軸）も総じて高い

く反映されているといえる。

そこで各都道府県の18歳投票率と全年代投票率をマッピングしてみた（**図3**）。全体の投票率が高い県は18歳投票率も高く、逆もしかり、という結果である。相関の強さを表す決定係数（1に近いほど強い）は0・77と高い値を示した。周囲の大人が投票により多く行っている県は18歳投票率も高くなるというわけだ。

この〝法則〟に早くから着目して啓発に取り組んでいるのが、ほかならぬ10代投票率トップかつ全体の投票率もトップの山形県である。同県選挙管理委員会は、「本県が特に力を

図4 山形県は「家族ぐるみの投票」を呼びかけ

出所：山形県選管サイト「18歳投票権」より

入れていることとして、『子連れ投票』『家族ぐるみ投票』の呼びかけがある」と説明する。

21年の衆院選向けに制作した啓発パンフレットでも、「家族ぐるみの投票参加を」と明記。それが有効である根拠として、子供の頃に親の投票について行ったことが「ある人」の投票参加が63・0％であるのに対し、「ない人」が41・8％で20ポイント超の差があることを挙げている（**図4**）。これは初の18歳選挙を実施した16年参院選後に、総務省が18～20歳の男女3000人を対象に実施したアンケートの調査結果である。

図5 家族の誰かが投票に行った場合の高3生の投票行動

	2019年 参院選	2017年 衆院選	2016年 参院選
投票に行った	84.1%	84.9%	88.6%
投票に行かなかった	15.9%	14.8%	11.4%

家族で誰も投票に行かなかった場合の高3生の投票行動

	2019年 参院選	2017年 衆院選	2016年 参院選
投票に行った	4.3%	9.1%	15.4%
投票に行かなかった	95.7%	89.4%	84.6%

出所：山形県選管「高校３年生へのアンケート調査の結果」（上下とも）

山形県も16年の参院選以降、独自に高校３年生を対象にアンケートを実施している。18歳になって投票権を得た高３生のうち、家族で投票に行く人がいた場合は「投票に行った」人が80％超。家族で誰も投票に行く人がいなかった場合は「投票に行かなかった人」が８～９割に上るという結果が出ている（**図５**）。

若者の投票率を上げるには、まず周囲の大人が投票に行くこと。これに尽きる。山形県は、若者の投票率を左右する因子を早くから見抜いてアンケート結果から立証に取り組み、〝家族ぐるみ〟の投票を呼びかけたことが成果につながっているといえるだろう。

問題は、若者に規範を示すべき大人の投票率も低迷していることだ。何か妙策はないだろうか。

「最下位脱出！」を掲げてはい上がった、群馬・館林市

「投票率　最下位脱出!!」――。市庁舎正面玄関の懸垂幕、入り口付近に立てたのぼり旗、そしてマスコットキャラクターのタスキにこんな自虐的なキャッチフレーズを掲げて投票率アップを〝公約〟にしたのが群馬県館林市。19年7月、参院選と県知事選のダブル選挙に向けた市選管主導の取り組みだった（**図6**）。

館林市は直前に行われた19年4月の県議選で、投票率が35・74％と県内35の市町村中最下位。知事選は07年と11年に連続最下位を記録。17年10月の衆院選はかろうじて最下位を免れたが、最下位の市との差はわずかで、〝最下位争いの常連〟になっていた。

そんな不名誉なポジションから脱しようと、市選管は地元の商工会議所などとも連携。投票を終えた市民が市内の複合商業施設「アゼリアモール」で投票済証明書を提示すると、抽選会への参加、テナント店舗で景品プレゼントや割引サービスが受けられるなど、各種

図6

2019年参院選で館林市は「投票率最下位脱出」を掲げて目標を達成

特典を用意した。

市町村別の投票率ランキングがニュースになることはあまりないため、市の低投票率が続いていたことを初めて知って驚いた市民も多く、「最下位脱出」のキャッチフレーズは危機感を共有するうえでインパクトがあったようだ。

19年7月の参院選は下から4番目の32位に浮上。ひとまず目標を達成した。22年7月の参院選でも館林市は前回（19年7月）参院選を3・4ポイント上回る49・58％をマーク。群馬県の投票率48・49％を上回るところまで押し上げた。

投票率アップの秘策「地域対抗バトル」

マーケティングの名著『ファンベース』でおなじみ、コミュニケーション・ディレクターの佐藤尚之（さとなお）氏は、かねて投票率アップの施策として「地域対抗 投票率バトル」を提唱していた。

「人は自分のためよりも日ごろ交流のあるコミュニティー内の人のため、つながりのために動く。さらに、直接的な交流回数が多い、濃い関係であるほど、インセンティブが働きやすい。この原理が投票行動でも有効に働くのではないか」（佐藤氏）

地域対抗のシカケが盛り上げに一役買ったケースとして、遊びながら漢字トレーニングができるニンテンドーDS向けソフト「漢検DS」のプロモーションがある。07年に実施した「都道府県別『漢字力』調査」がそれだ。ネット上に全20問を用意し、回答者の得点から居住都道府県単位で平均点をリアルタイムに更新。当時はやったブログパーツに「現在の漢字エリート県は○○県、屈辱の最下位は…」などと表記し競争意識を刺激することで、参加者は15万人に上り、漢検DSの売り上げにも貢献した。

対抗バトル型を採用することで、下位の自治体住民から「さすがに不名誉なことだから

投票率を上げる秘策は？（写真／Shutterstock）

次は挽回したい」という意識が芽生え、自治体側も「下位脱出」を掲げて、啓発プログラムの開発に本気で取り組むようになる。「バトルをきっかけに意識が変わり、教育が変わることで、行動も変わるはず」（佐藤氏）。

「おらが町の投票率を上げたい」「隣町の投票率に負けたくない」というマインドの喚起に館林市は成功した。この心理術は投票率のみならず応用が利きそうである。

4-3

新聞によって異なる内閣支持率、信用できるか？「ルフィ」連続強盗事件で世論調査がとばっちり

Webニュース記事を読んでいると、新聞によって内閣支持率の違いが目につく。なぜ違いが生じるのか？　これは聞き方や主回答層の違いが影響している。一方、全国で発生した強盗・特殊詐欺事件で世論調査は厳しい局面を迎えている。

大手新聞社などが毎月実施している全国世論調査（**図1**）。内閣支持率などが記事になるたびに「なぜこんなに高いのか？」「なぜ新聞社によってこんなに数字が違うのか？」というツイートがあふれる。筆者が知りうる限りの理由を挙げておきたい。

メディア大手の世論調査は、コンピューターで無作為に電話番号を作成し、固定電話と携帯電話に調査員が電話をかけるRDD方式を採用している。したがって、朝日新聞は朝日新聞の読者に調査をしているわけではない。また内閣支持率はたいてい最初の質問なので、それまでの質問内容に回答が左右されることは起こりづらい。それでも各社で支持率が大きく異なるのはなぜか。

1つは「重ね聞き」の有無。現内閣を支持するか否かを尋ねて、「わからない」「どちらとも言えない」や無回答だった場合、「強いて言えばどちらですか？」と調査員がワンプッシュするのが重ね聞きだ。重ね聞きをしない新聞社より、する新聞社のほうが支持率は高くなる。もちろん不支持率の数字も増える。保守的なメディアだから支持率が高いのではなく、重ね聞きをしているから支持率も不支持率も高く出るわけだ。

もう1つは、固定電話回答者と携帯電話回答者の比率。一般的に固定電話回答者のほうが保守的で内閣支持率、政党別支持における自民党支持率が高く出やすい。一方の携帯電話回答者は、「どちらとも言えない」や支持政党なしが多めに出やすい。回答者に占める固定電話と携帯電話の比率は統一の決まりごとがあるわけではなく、同じ新聞社でも回収具合によって毎回変わる。それが内閣支持率や政党支持率にいくらか影響している可能性はあるだろう。

よく、「保守層は朝日新聞からの世論調査は無視して回答せず、読売や産経ならば回答する。リベラル層はその逆。だから内閣支持率は読売や産経で高め、朝日・毎日で低めに出る」という説明を見かける。だが一生に一度かかってくるかどうかの世論調査にそうした明確な対応をする人は極めて少数派で、数字に影響を与えるほどではない。

図1 岸田内閣支持率の推移

	朝日新聞			読売新聞		
	支持	不支持	それ以外	支持	不支持	それ以外
2023年4月	38	45	17	47	37	16
2023年3月	40	50	10	42	43	15
2023年2月	35	53	12	41	47	12
2023年1月	35	52	13	39	47	14
2022年12月	31	57	12	39	52	9
2022年11月	37	51	12	36	50	14
2022年10月	40	50	10	45	46	9
2022年9月	41	47	12	50	41	9
2022年8月	47	39	14	51	34	15
2022年7月	57	25	18	65	24	11
2022年6月				57	28	15
2022年5月	59	26	15	63	23	14
2022年4月	55	29	16	59	29	12
2022年3月	50	25	25	57	28	15
2022年2月	45	30	25	58	28	14
2022年1月	49	21	30	66	22	12
2021年12月	49	23	28	62	22	16
2021年11月	45	27	28	56	29	15
2021年10月	41	26	33	52	30	18

	NHK			日本経済新聞		
	支持	不支持	それ以外	支持	不支持	それ以外
2023年4月	42	35	23	52	40	8
2023年3月	41	40	19	48	44	8
2023年2月	36	41	23	43	49	8
2023年1月	33	45	22	39	54	7
2022年12月	36	44	20	35	57	8
2022年11月	33	46	21	37	55	8
2022年10月	38	43	19	42	49	9
2022年9月	40	40	20	43	49	8
2022年8月	46	28	26	57	35	8
2022年7月	59	21	20	58	32	10
2022年6月	59	23	18	60	32	8
2022年5月	55	23	22	66	23	11
2022年4月	53	23	24	64	27	9
2022年3月	53	25	22	61	27	12
2022年2月	54	27	19	55	31	14
2022年1月	57	20	23	59	30	11
2021年12月	50	26	24	65	26	9
2021年11月	53	25	22	61	27	12
2021年10月	49	24	27	59	25	16

世論調査がやりづらい

東京都狛江市の強盗殺人事件など、全国各地で発生した広域強盗事件に絡み、「ルフィ」を名乗る指示役ら4人の容疑者が2023年2月、フィリピンから送還され逮捕された事件。別の特殊詐欺事件でも再逮捕されたが、「これにて一件落着」と安心ができる状態にはない。高齢者らに虚偽の電話をかける「かけ子」や現金・キャッシュカードなどを受け取る「受け子」といった、いわゆる闇バイトをSNSで募集し、一定時間でメッセージが消えるテレグラムを利用して指示を出す特殊詐欺事件は、ルフィグループ以外にも多数あるとみられる。

被害に遭わないよう、今後も注意が必要だが、広く国民が危機意識を持つことで結果としてとばっちりを受ける業界がある。マスメディアが内閣支持率をはじめ各種政策についての賛否などを電話で問う世論調査。内閣府が定例で実施する意識調査や総務省統計局が収入、支出、貯蓄などを尋ねる家計調査。そして一般企業が調査会社を介して実施する市場調査（マーケティングリサーチ）などだ。

とばっちりとはどういうことか？　これには特殊詐欺事件、連続強盗事件が起こる構図

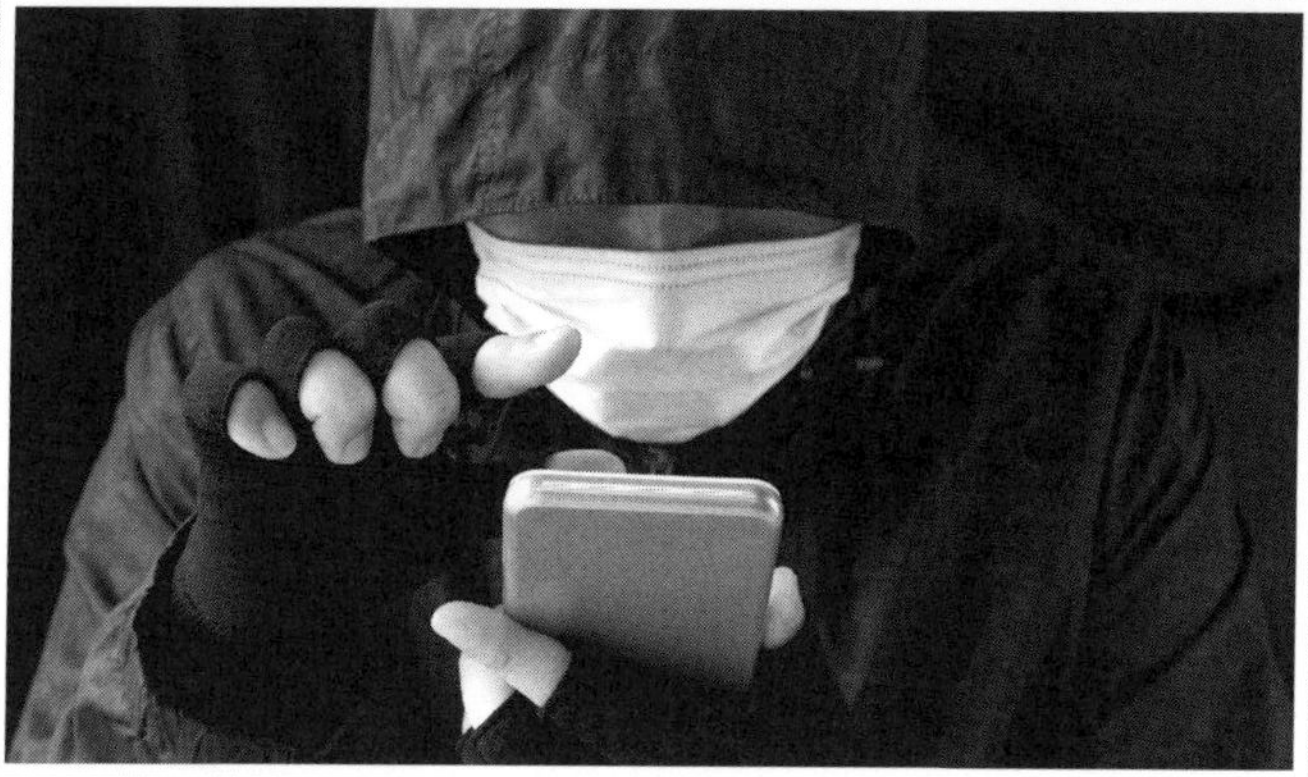

頻発する連続強盗事件、特殊詐欺事件は、世論調査、市場調査に悪影響をおよぼす恐れがある（写真／Shutterstock）

を知る必要がある。

犯人側は手当たり次第に特殊詐欺を仕掛けているのではなく、「闇名簿」をアタックリストにしている。百貨店の外商客名簿、証券会社の顧客資産情報、災害対策用の地域住民名簿などを名簿売買業者に持ち込んで金にする不届き者がいるためだ。複数の名簿を名寄せすることで情報精度が高まり、さらに自治体の職員や地域の見守り隊を装って同居家族の構成やたんす預金の有無について尋ねたり、テレビ番組のアンケートやマスコミの世論調査を装って老後2000万円問題をテーマにそれ以上の預金を持っているかどうか尋ねたりする。自動音声・応答機能を使って年収などを聞き出す手口もあるという。こうした追

図2 テレビ局を名乗るアンケートでもお金絡みなら電話を切ることをテレビ局が奨励する事態に

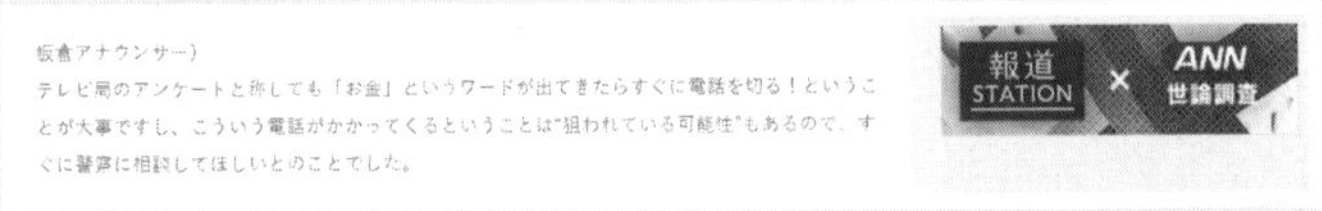
板倉アナウンサー）
テレビ局のアンケートと称しても「お金」というワードが出てきたらすぐに電話を切る！ということが大事ですし、こういう電話がかかってくるということは"狙われている可能性"もあるので、すぐに警察に相談してほしいとのことでした。
報道STATION × ANN世論調査

出所：テレビ朝日「連続強盗　“偽の宅配便”“資産探るアポ話”どう見破る？」

加調査から、「富裕層」「一人暮らし」「軽度の認知症の気がある」といった詳細な情報を加えていくことで、詐欺の成功確率が高そうな相手を絞り込んでいくわけだ。

自分や家族が標的にならないようにするためには、金銭に関わる追加情報を犯人側に与えないことが重要になる。すると、メディアの調査を名乗る電話でマネー関連の問いに対しては、真偽をその場で見極めることは容易ではないため、基本的にスルーしたほうが無難ということになる。

23年1月28日放送のテレビ朝日系「サタデーステーション」でも、強盗事件の巧妙な手口を解説した際、「テレビ局のアンケートと称しても『お金』というワードが出てきたらすぐに電話を切る！ということが大事」と局アナが警鐘を鳴らしていた（**図2**）。ただでさえ有効回答率が長期低落傾向にあるなか、大きな不安材料が加わったことで、世論調査は厳しい時代を迎える。

官公庁が実施する調査も同様だ。**図3**は、内閣府が毎年実施し

図3 世論調査の回収率は、個人情報保護法全面施行の2005年に大きく低下

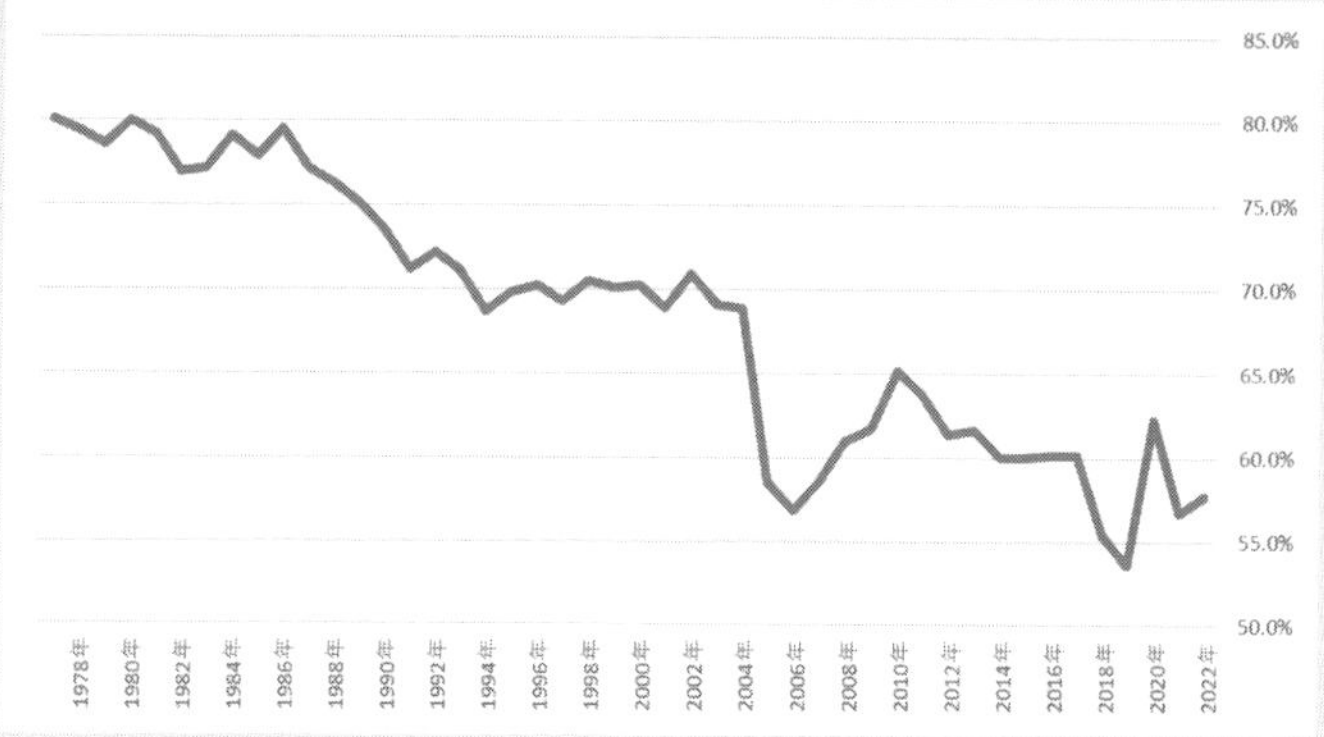

出所：内閣府「外交に関する世論調査」1977年～2022年

図4 日経世論調査の回答率の推移

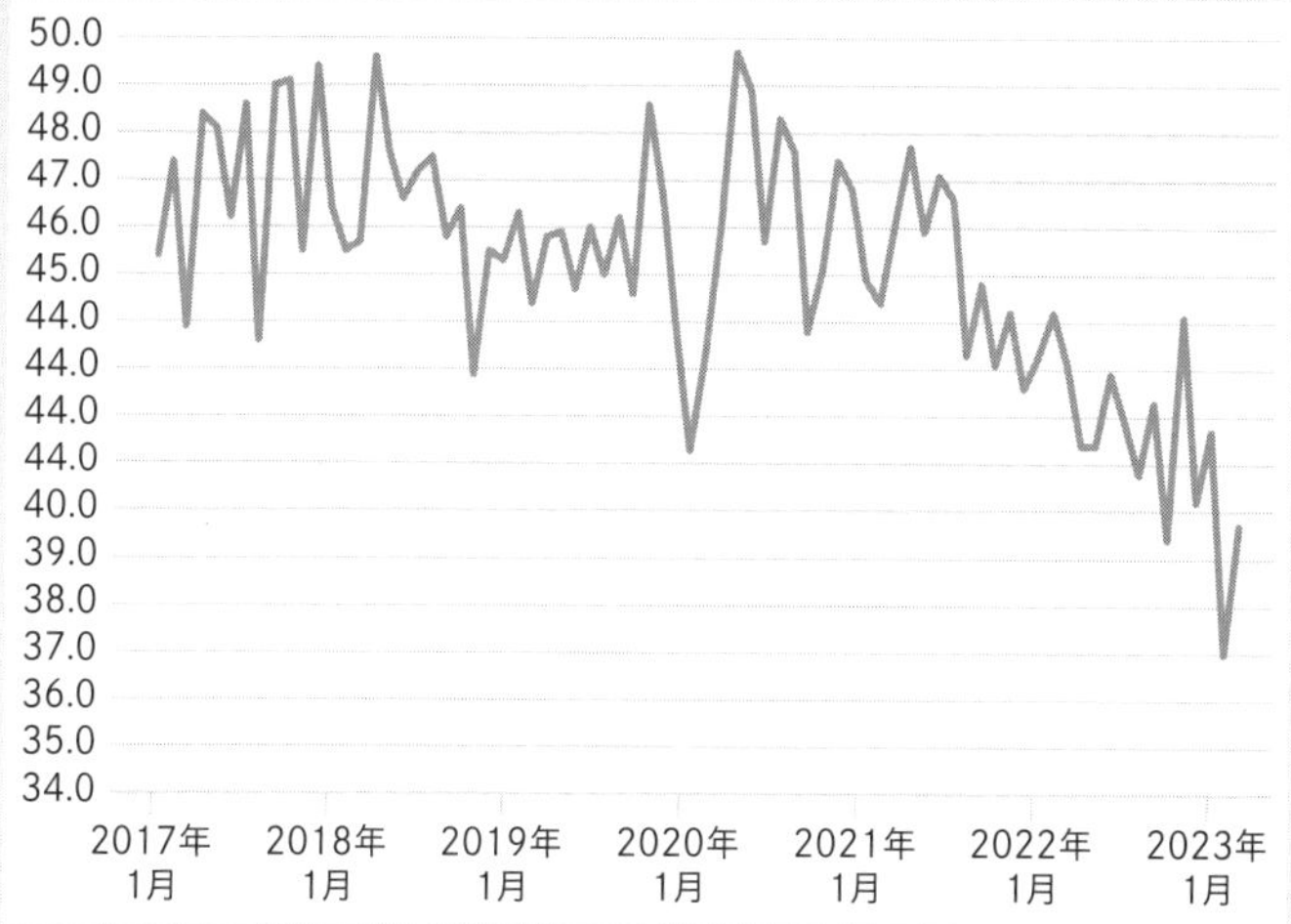

出所：日経リサーチ（https://www.nikkei-r.co.jp/pollsurvey/results/）

ている「外交に関する世論調査」の有効回答率の推移である。

米国や中国、韓国などに対する親近感、現状の二国間関係は良好だと思うか、といった設問で、お金絡みの内容は一切ない。郵送調査で返信用封筒も同封されているので、調査主体の顔も見える。それでも同調査の有効回答率は05年に大きく下落した。個人情報保護法が同年4月に全面施行され、個人のプライバシーが意識された年である。回収率はその後やや回復するが、10年以降再び下落し、現在は05年並み。このタイミングで起きたルフィ事件は、回収率の下押し材料になるのは避けられそうにない。

その懸念は犯人の強制送還と同月の世論調査で早速現実のものとなった。23年2月最終週の週末に日本経済新聞社とテレビ東京が実施した世論調査の回答率は37・0％を記録。16年4月の世論調査から対象年齢を20歳以上から18歳以上に、またこれまでの固定電話に加え携帯電話にもかける方式に変更し、当初は40％台後半の回答率を得ていた。これが徐々に下がり、22年10月に39・4％と40％を割り込んだ。翌月以降は40％台に戻したが、23年2月37・0％、3月39・7％、4月36・0％とルフィ事件に呼応するように下がった（**図4**）。

では、マーケティングリサーチはどうか。

調査会社の登録モニターは、自ら志願してモニターになって報酬としてのポイントなど

図5 登録モニターが考える、調査会社に提供したくない情報

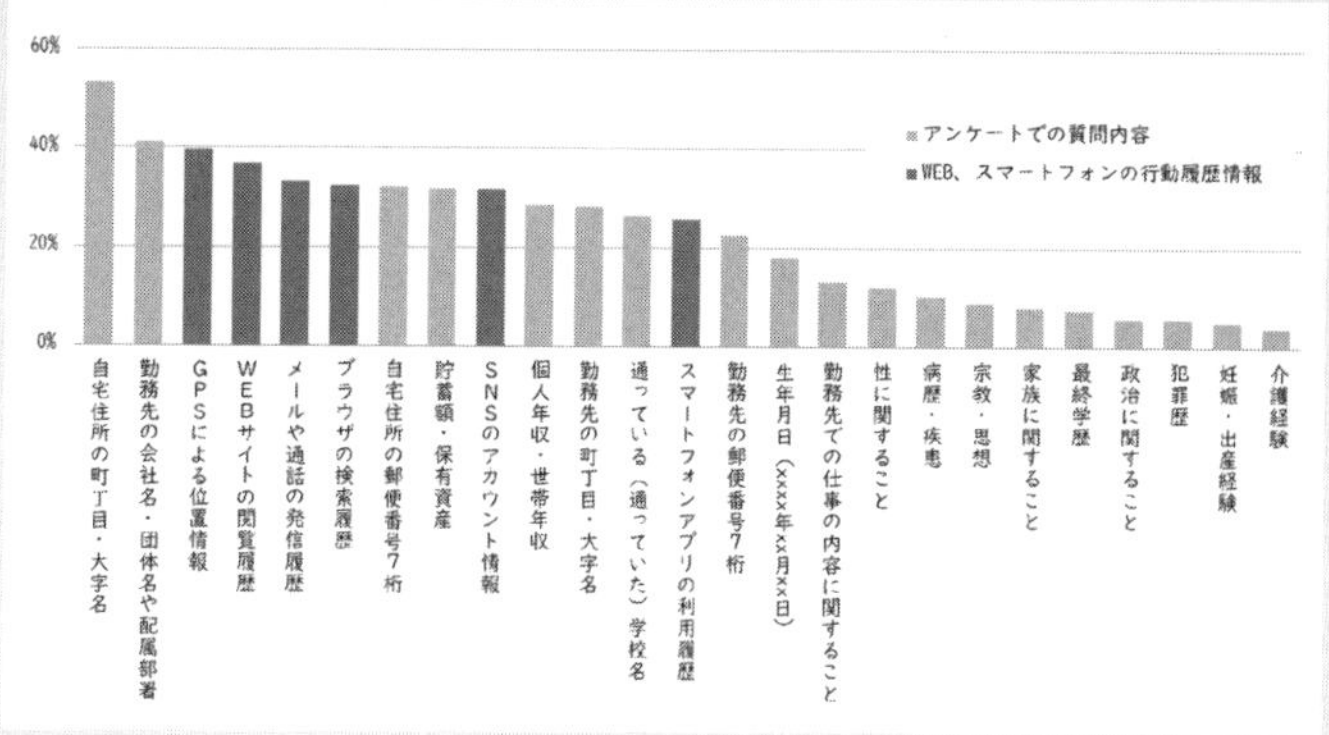

出所：日本マーケティング・リサーチ協会「インターネット調査品質ガイドライン」第2版

図6 2013年の調査会社登録モニターのアクティブ率を1.0とした場合の経年変化

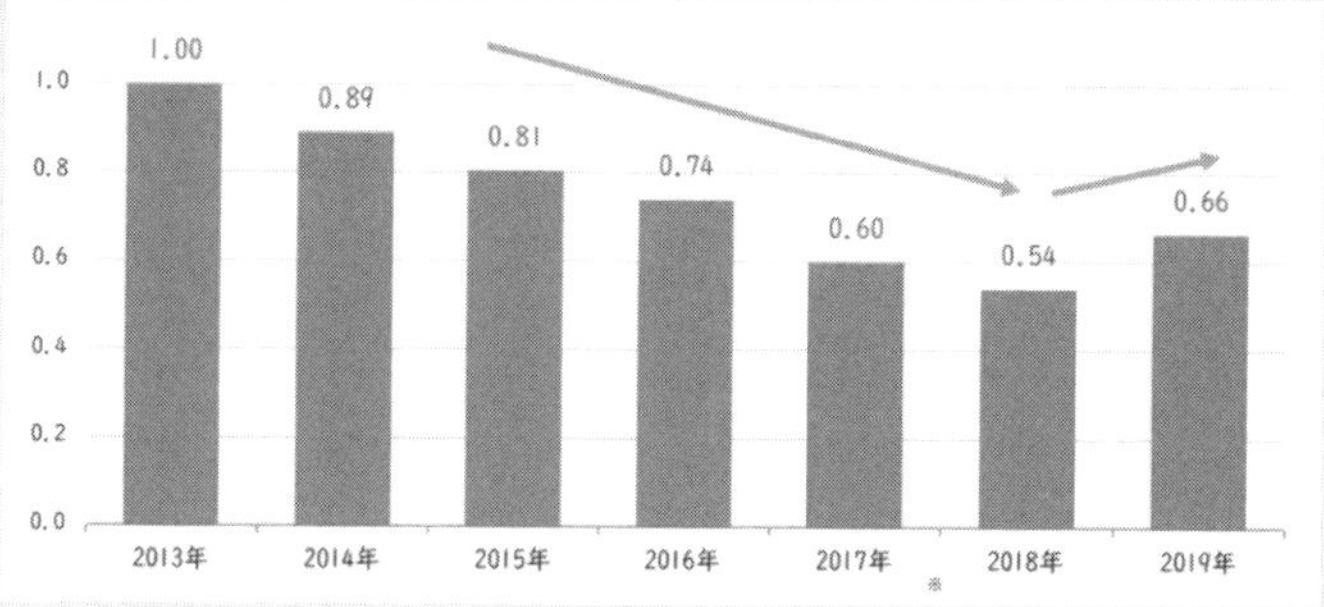

出所：日本マーケティング・リサーチ協会「インターネット調査品質ガイドライン」第2版

を得ているため、調査案件がメールで届くこと自体に不信感は抱かない。それでも自身の年収や世帯年収、貯蓄額、投資予算などマネー関連の設問は、統計的に処理されることは理解していても、他の一般的な設問より回答率が下がる傾向がある。

日本マーケティング・リサーチ協会の調査で、モニターが提供したくない情報は**図5**の通り。「貯蓄額・保有資産」「個人年収・世帯年収」がトップ10に入っている。こうした設問には、回答を無理強いしているわけではないエクスキューズとして「答えたくない」という選択肢を入れているケースが多い。一連の報道を受けて、マネー関連設問では「無回答」や「答えたくない」など回答拒否が増える可能性は否めない。そうなれば、世帯年収別に見る消費性向の違いなどの調査が手掛けづらくなるだろう。

また、新規の調査モニターの獲得、定着の面でも影響がおよびそうだ。**図6**は、調査会社大手4社の登録モニターのうち、1カ月に1回以上アンケートに回答しているモニターの割合（アクティブ率）を、13年を1・0としてその推移を示したものだ。見ての通りアクティブ率は年々減少し、調査依頼メールを送信しても反応が鈍い様子がうかがえる。新規モニター登録後、1年後もアクティブなモニターは4割ほど。若年層ほど定着率が下がる傾向があり、モニターの新規獲得と定着は調査会社共通の課題になっている。

第5章

調査結果は「つくれる」か？

5-1

アパホテルがビジネスホテル満足度で1位と最下位 ビジネス誌の評価真っ二つの怪　どっちが正しい？

先週発行のビジネス誌のビジネスホテル満足度調査で最下位だったアパホテル。今週発売の別のビジネス誌が実施した満足度調査ではなんと1位に——。2017年秋、ビジネス誌2誌のアンケート結果が真っ二つに割れる珍事が起きた。

「週刊ダイヤモンド」2017年11月4日号の特集「1万人が選んだ ベストホテル＆エアライン」では、アパホテルの満足度は20ホテル中トップ。一方、ほぼ同時期に調査し発行された「日経ビジネス」2017年10月23日号特集「ビジネスパーソンに聞く 後悔しない航空＆ホテル 5000人満足度ランキング」では、アパホテルの満足度は35ホテル中最下位だった（**図1**）。

出張でビジネスホテル利用経験のあるビジネスパーソンを対象に実施した「満足度」の調査で、なぜ正反対の結果が出たのか。その原因を探るには、ホテルの評価方法に目を向ける必要がある。

図1 ビジネス誌2誌の調査で、アパホテルの満足度評価が真っ二つに割れた

ビジネスホテルチェーン満足度ランキング

週刊ダイヤモンド
2017年11月4日号

	ホテルチェーン名	得点
1	アパホテル	462
2	東横イン	366
3	リッチモンド	251
4	ホテルルートイン	243
5	ドーミーイン	204
6		
13		
15	ヴィラフォンテーヌ	53
15	エクセルホテル東急	53
17	ヴィアインホテル	44
18	チサン	36
19	京王プレッソイン	32
20	アワーズイン阪急	30

ビジネスホテル満足度ランキング

日経ビジネス
2017年10月23日号

	ホテル名	スコア
1	カンデオホテルズ	161.5
2	リッチモンドホテルズ	133.3
3	三井ガーデンホテルズ	131.3
4	ドーミーイン	127.6
5	ホテルニッコー&JALシティ	121.7
6		
9		
10	東急ホテルズ（東急REIホテル、エクセルホテル東急など）	98.4
11		
18		
19	ルートインホテルズ（ホテルルートイン、アークホテルなど）	85.8
26		
27	東横イン	57.6
28		
34		
35	アパホテルズ&リゾーツ	27.8

写真／Shutterstock

まず評価方法について。週刊ダイヤモンドでは、直近2年間に宿泊したビジネスホテルについて、満足したホテルを上位3つ、不満だったホテルを1つ挙げる形だった。そして満足したホテルには1位5点、2位3点、3位1点を付与し、その総計でランキングしている。一方の日経ビジネスでは、「客室」「共用部」「接客サービス」「コストパフォーマンス」の4項目について、「非常に満足」100点、「満足」50点、「普通」0点、「不満」マイナス50点、「非常に不満」マイナス100点の5段階で評価してもらい、各項目の平均を算出。4項目の合計値でランキングしている。

一店舗当たりの得点ではダイヤモンドでもランキングは下位に

ダイヤモンドの評価方法では、店舗数や宿泊経験者数の多いホテルの数字が高く出やすい（**図2**）。店舗数が多いアパホテルと東横インは当然宿泊経験者も多く、結果的に高得点になった面がある。調査対象20ホテルのうち、得点下位6ホテルはいずれも20店舗未満と小規模だ。

例えば過去2年間で出張宿泊がアパホテル1回だけのビジネスパーソンが、宿泊時に特

図2 週刊ダイヤモンド調査は、店舗数が多いほど得点も高くなる傾向

	ホテルチェーン名	得点	店舗数
1	アパホテル	462	372
2	東横イン	366	259
3	リッチモンドホテル	251	43
4	ホテルルートイン	243	38
5	ドーミーイン	204	67
6			
13			
15	ヴィラフォンテーヌ	53	16
15	エクセルホテル東急	53	9
17	ヴィアインホテル	44	19
18	チサンホテル	36	5
19	京王プレッソイン	32	10
20	アワーズイン阪急	30	1

注：店舗数は2017年11月当時の数字

段の不満はなかった場合、ダイヤモンドの評価方法では自動的に1位の5点が付くことになる。2位、3位であっても、宿泊者が多いので得点が積み上がっていく。

ちなみに、ダイヤモンドの調査結果について各ホテルの店舗数と得点の相関関係を調べたところ、決定係数（R^2）は0・748と強めの相関を示す値が出た。すなわち、ホテルの満足度は店舗数で7割以上決まる、ということである。

両誌の調査結果が出た当時、週刊ダイヤモンド編集部に調査設計について尋ねている。「この調査では、出張で利用して良かったホテルを自由記述で挙げてもらっている。確かに全国展開している店舗数（部屋数）の多いホテルが上位にきやすい傾向はあるが、不満に感じたホテルが『泊まって良かったホテル』として挙がることはない。したがって得票を集めたホテルは、それなりの評価が集まっていると考える」との回答だった。

唯一正しい調査方法はない

ビジネスホテルの満足度を調査する場合、唯一この方法が正しいという鉄板の調査方法があるわけではない。

日経ビジネスの調査方法は、店舗展開の規模で有利・不利は出にくいが、客室・共用部・接客サービス・コストパフォーマンスの4項目が絶対的な指標と決まっているわけでもない。アパホテルは主要都市部に出店しているので、どこに出張しても同じ感覚で予約・宿泊できる利便性を評価して〝定宿〟にしている人もいるだろう。アパホテルにしても東横インにしても、もし満足度が低くてリピーターが付かなければ、空室だらけになるはずだ。国内トップクラスの客室数を高い稼働率で運営できていること自体が、それなりの満足度を得ていることの証左であるといえばその通りだ。

絶対的に正しい唯一無二の調査方法がない以上、調査設計次第で、有利に働くホテル、不利になるホテルは出てくる。そして、対照的な2つのランキングが出たことで見えてくるものもある。

調査設計に目を通し、評価されやすい・にくいを見抜く

日経ビジネス調査は、小粒でもキラリと光るホテルを浮かび上がらせるのに向いた調査だ。満足度スコアで2位以下を突き放してトップに立ったカンデオホテルズは、ダイヤモンド調査ではノミネートされておらず、23年4月時点でも25店舗と中小規模のためノミネートされていたとしても上位にはランクインしなかっただろう。一方、ダイヤモンド調査でアパホテルや東横インが高得点を上げた結果からは、「不満だったホテル」に挙げた人はさほど多くなかったことがうかがえる。注目したいのは両誌の調査で上位にランクインしているホテルだ。リッチモンドホテルとドーミーインは、どちらのランキングでもトップ5にランクインしている。調査方法に左右されずに上位にくるホテルは実力派と見ていいのではないか。

これはSNSのフォロワー数やいいね！数を見る視点と似たところがある。まだ小規模でコアなファンがフォローしている段階のアカウントは、ファンの熱意が高く、いいね！やコメント数、シェア（リツイート）数がフォロワー数に比して多い、エンゲージメント率（反応率）が高い状態だ。そこから規模が大きくなってフォロワー数が増えていくと、あ

とからフォローする人は総じて熱意が低いため、フォロワー数の伸びほどにはいいね！数は伸びず、エンゲージメント率は低下する。いうなれば日経ビジネス調査はエンゲージメント率の高いホテルが満足度の高いホテルだと評価し、ダイヤモンド調査はフォロワー数の多いホテルが満足度が高いホテルだと評価している、そんな構図である。

お伝えしたいのは、調査設計じたいに不備はない2つの満足度調査で、正反対の順位を出せてしまう衝撃である。ランキングをただうのみにするのではなく、調査手法に目を通すことでどんな特徴が評価されやすいかをイメージし、そのうえで自分自身は何が優先事項かを考えながら選ぶ際の参考にする。そんな向き合い方が必要だろう。

コロナ禍で評価されたアパホテル

なおアパホテルは、新型コロナウイルス禍において、コロナ無症状者・軽症者の受け入れのほか、「テレワーク応援5日間連続利用」プランや30日間9万9０００円（税込み）で全国のアパホテルを〝移住〟できるマンスリープランの導入など、逆風の旅行・ホテル業界において積極果敢に施策を繰り出した。

図3 コロナ禍の好感企業にアパホテルがランクイン

新型コロナ禍で「好感をもった、魅力的に映った、高く評価した」企業

	企業名	想起率
1	シャープ	32.9
2	東芝	3.8
3	トヨタ自動車	3.2
4	アイリスオーヤマ	3.0
5	ソフトバンク	2.8
6	パナソニック	2.1
7	**アパホテル**	**2.0**
8	富士フイルム	1.8
8	ライフコーポレーション	1.8
10	GMOインターネット	1.7
11	資生堂	1.4
12	ソニー	1.3
13	スギ薬局	1.1
14	清水建設	1.0
14	全日本空輸	1.0
16	キヤノン	0.9
16	日本マクドナルド	0.9

出所：日経BPコンサルティング　2020年4月調査（ビジネスパーソン対象、有効回答数1556件）

日経BPコンサルティングが新型コロナ第1波ピーク時の20年4月、ビジネスパーソンを対象に、コロナ禍の企業の取り組みとして「好感をもった、魅力的に映った、高く評価した」企業名を3つまで記入してもらったところ、アパホテルはホテル業界で唯一7位にランクインした（**図3**）。未曾有の厄災に際していち早く手を打てるフットワークの軽さは同社の強さである。

5-2

進研ゼミ調査「あこがれの人」に「鬼滅」キャラ このニュースで気をつけるべきこととは？

ベネッセコーポレーションが2020年暮れ、「小学生の意識調査」を実施。「あこがれの人」ランキングの1位は「鬼滅の刃」の主人公・竈門炭治郎。鬼滅の登場人物7人がトップ10入りしたこのニュース、どう読むか？

通信教育講座「進研ゼミ」でおなじみ、ベネッセコーポレーションが2020年12月、小学3～6年生の会員を対象に実施した意識調査の結果を発表。「あこがれの人」ランキングでは、1位竈門炭治郎（618票）、3位胡蝶しのぶ（315票）をはじめ、トップ10に人気アニメ「鬼滅の刃」に登場するキャラクターが7人と〝鬼滅〟が上位を独占した。また「2020年に好きになったもの」ランキングでも1位は「鬼滅の刃」で2216票と、2位ゲーム（589票）に大差をつけた（**図1**）。

ベネッセのこのリリースを受けてメディア各社は、見出しに「鬼滅」と入れればアクセス数が跳ね上がるとばかりにこぞって記事化していた。が、この調査の対象は一般の小学

図1 “鬼滅”無双だった2020年進研ゼミ 小学講座受講生アンケート

小学生が選ぶ！　2020年あこがれの人

1位	竈門炭治郎（かまどたんじろう）	鬼滅の刃	618票
2位	お母さん		393票
3位	胡蝶しのぶ（こちょうしのぶ）	鬼滅の刃	315票
4位	先生		229票
5位	お父さん		171票
6位	冨岡義勇（とみおかぎゆう）	鬼滅の刃	165票
7位	竈門禰豆子（かまどねずこ）	鬼滅の刃	163票
8位	煉獄杏寿郎（れんごくきょうじゅうろう）	鬼滅の刃	151票
9位	我妻善逸（あがつまぜんいつ）	鬼滅の刃	150票
10位	時透無一郎（ときとうむいちろう）	鬼滅の刃	126票

小学生が2020年に好きになったもの

1位	鬼滅の刃	2216票
2位	ゲーム	589票
3位	アニメ	431票
4位	読書	384票
5位	あつまれ どうぶつの森	380票

小学生が選ぶ！　2020年あこがれの人

順位	あこがれている人	あこがれているところ
1位	竈門炭治郎（鬼滅の刃）	誰にでも優しい、家族思い、あきらめずにがんばる、炭治郎のことを思い出すとがんばれる
2位	お母さん	優しい、家族のためにがんばっている、いろいろなことをしてくれる、何でもできる
3位	胡蝶しのぶ（鬼滅の刃）	優しい、家族思い、いつも笑顔、強くてかっこいい
4位	先生	優しい、わかりやすい、頭がいい
5位	お父さん	優しい、家族のためにがんばっている、かっこいい
6位	冨岡義勇（鬼滅の刃）	無口だけど優しい、クールでかっこいい
7位	竈門禰豆子（鬼滅の刃）	かわいい、家族や人を守ろうと戦う
8位	煉獄杏寿郎（鬼滅の刃）	正義感・責任感が強い、信念を貫いている、自分よりも人のことを思う、生き様がかっこいい
9位	我妻善逸（鬼滅の刃）	怖がりなのに強いギャップ、かわいくてかっこいい
10位	時透無一郎（鬼滅の刃）	正義感が強く優しい、あきらめずにがんばる

出所：ベネッセホールディングス「ニューノーマル時代の小学生の意識調査ランキング2020」

生ではない。調査対象である「進研ゼミ小学講座」小学3～6年生会員の自宅には、調査実施日の20年11月20～23日の直前に、鬼滅の刃とコラボレーションした漢字ドリル教材やキャラクター入りのペンなどのグッズが届いていた。劇場版「鬼滅の刃」無限列車編の「むげんれっしゃ」を漢字で書かせるなど、ストーリーに沿った出題をしている教材だ。

そんなタイミングでアンケート依頼があれば、鬼滅の登場人物が上位を占めるのも当然だろう。いうなれば、小学生に鬼滅が人気であることをランキングで裏付けて、「鬼滅コラボ教材を展開している進研ゼミなら、子供のやる気を引き出せるかも…」と小学生の親世代を誘導する狙いが透けて見える調査企画である。

毎年実施している定例アンケートであれば、コラボ企画と小学生に人気の人物・キャラクター回答がかぶる場合もあるだろうが、このアンケートは２０２０年が初調査。コラボ漢字ドリルと調査票が届くタイミングからして、プロモーションとして狙ってコラボキャラクターの露出を図ったのは明らかだ。

企業がＰＲを仕掛けるのは自由だが、メディアがそのお先棒を担ぐのは慎重さに欠けている。ベネッセとしてはしてやったりだろう。

鬼滅教材が学習の遅れをカバー

もっともこの鬼滅コラボ教材の評価は高く、学校も混乱したコロナ禍において、学習ペースを取り戻す役割を果たした。ベネッセは翌21年2月、同年4月から新小2～新小6年生になる全国の小学生、先着12万人に、鬼滅の刃コラボ漢字計算ドリルを無償提供した。新型コロナ禍での一斉休校の影響は21年明けの年度末に差し掛かっても続いていて、子供たちの理解不足が課題になっていたためだ。

ベネッセが全国の小学校教員515人に実施した調査では、小2～6年生の教員の4割以上が、一斉休校後の授業のスピードアップやグループ学習の見送りなどから「例年よりも子供の学習内容の理解が浅くなっている」と感じているという結果が見られたという。当初は会員のみに4月号として送付する予定だった教材を一部再編集し、会員以外にも広く無償提供した。「春の進級準備に〝全集中〟できるよう応援してまいります」というメッセージがふるっている。子どもたちにとって混乱の1年だった20年度。学習不足を補うべく春休みに間に合うタイミングで無償提供に踏み切ったのは、社会貢献度の高い英断だった。

第6章

過去との比較なら
調査条件を要確認

6-1

小学生男子の夢がサッカー選手から会社員に調査方法が変われば結果も変わる

――第一生命が2021年3月に発表した「大人になったらなりたいもの」アンケート。小学生男子の1位は「会社員」という結果。前年まではサッカー選手だった。「コロナ禍で子供たちは夢を失ってしまった」と嘆く声が聞かれたが、本当か？

小学生男子が「大人になったらなりたいもの」の1位は「会社員」――。第一生命保険が2021年3月に発表した第32回「大人になったらなりたいもの」アンケートの結果は大きな反響を呼んだ（**図1・2**）。

子供に人気の職業を調べるこのアンケートは、同社が1989年から毎年実施している恒例の調査。92年までは1位が野球選手、Jリーグがスタートした93年以降はサッカー選手が優勢になり、2000年から3年連続で日本人がノーベル賞を受賞した際には、学者・博士が1位になるなど、世相を反映した結果が出ることでも注目されてきた。そんな歴史ある調査で、「会社員」という回答は、調査開始間もない89～91年に第9位で「サラリーマ

図1 2020年、第32回「大人になったらなりたいもの」

小学生・男子

	大人になったらなりたいもの	回答率
1	会社員	8.8
2	YouTuber／動画投稿者	8.4
3	サッカー選手	7.6
4	ゲーム制作	7.2
5	野球選手	6.4
6	鉄道の運転士	4.6
7	警察官	4.5
8	公務員	4.1
9	料理人／シェフ	3.4
10	ITエンジニア／プログラマー	2.9
10	教師／教員	2.9

小学生・女子

	大人になったらなりたいもの	回答率
1	パティシエ	14.1
2	教師／教員	7.1
3	幼稚園の先生／保育士	6.0
4	会社員	5.8
5	漫画家	4.5
6	料理人／シェフ	4.3
6	看護師	4.3
8	芸能人／アイドル	3.8
9	公務員	3.4
9	医師	3.4

2020年12月調査、小学3～6年生男子581人・女子553人
インターネット調査（クロス・マーケティング）

図2 2019年、第31回「大人になったらなりたいもの」

男の子

	大人になったらなりたいもの	回答率
1	サッカー選手	9.3
2	野球選手	9.1
3	警察官・刑事	5.8
4	電車・バス・車の運転士	5.5
5	学者・博士	4.7
6	医者	4.4
7	消防士・救急隊	3.3
7	食べ物屋さん	3.3
9	ゲームやおもちゃをつくる人	3.0
10	大工	2.5

女の子

	大人になったらなりたいもの	回答率
1	食べ物屋さん	15.9
2	保育園・幼稚園の先生	9.1
3	看護師	6.6
4	医者	5.5
5	飼育係・ペット屋さん・調教師	4.4
6	学校の先生（習い事の先生）	4.1
7	美容師	3.9
8	デザイナー	3.0
9	歌手・タレント・芸人	2.8
10	薬剤師	2.5

2019年7～9月調査、小学1～6年生男子364人・女子636人
第一生命生涯設計デザイナーの訪問・回収法

ン」が入って以降、トップ10にランクインしたことはない。「1位　会社員」は異変とも言える大きな変化だ。

この結果について調査元の第一生命は、「コロナ禍でリモートワークの導入が進み、自宅で仕事をするお父さん・お母さんの姿を目の当たりにして『会社員』という職業を身近に感じた子供が多かったのかもしれない」と分析している。

変わったのは夢ではなく調査方法

では、「子供の夢がサッカー選手から会社員に変わった」と解釈してよいかというと疑問符が付く。なぜなら今回とこれまでとでは調査方法が大きく異なるからだ。

サッカー選手や野球選手が男子のトップだったこれまでの調査方法は、第一生命の生涯設計デザイナーが幼児・児童（保育園・幼稚園児および小学1～6年生）のいる世帯に、ミニ作文の応募用紙を配布し、その用紙に付いている「大人になったらなりたいもの」を尋ねるアンケートの回答を回収・集計する方式だった。回答者の多くは契約世帯の子供たちである。そしてミニ作文のテーマは毎年変わるが、「好きなもの」「夢」「得意なもの」「う

小学生男子のなりたい職業はサッカー選手から会社員に？（写真／Shutterstock）

れしかったこと」といった具合だ。つまり、サッカーが好きで「好きなもの」としてサッカーについて作文を書いた子供は、「なりたいもの」についても「サッカー選手」と書く可能性が高い。

一方、コロナ禍の今回は「非対面・非接触」を推進する一環として従来の訪問回収法を取りやめ、ネットリサーチ会社のクロス・マーケティングに委託して実施している。回答者は第一生命の契約者という縛りのない、子供を持つ一般の調査モニターだ。好きなことなどについてミニ作文を書くというプロセスを経ずに、親から唐突に「将来なりたいもの」を聞かれた子供は、答えに詰まって「会社員」「サラリーマン」といった回答が出てくるのではないだろうか。また旧知の保険担当者に回答用紙を渡すというしがらみがないネットリサーチなら、「会社員」という〝子供らしくない〟回答を入力することに親も抵抗を感じないだろう。ネットリサーチモニターは何かしら回答欄を埋めてポイントをもらうことがインセンティブになっている。

なお、20年と19年では調査対象学年も微妙に異なる。19年までは小1～6年まで全学年が対象だったが、20年は小3～6年生だった。小1～2年男子の場合、サッカー選手や野球選手といった回答比が高学年よりも高く、会社員という現実的な回答の比率は高学年よりも低いことは容易に想像できる。

したがって、これまでもネットリサーチを用いて同条件でアンケートを実施していれば会社員が上位に入っていた可能性は大いにある。コロナ禍で子供の将来の夢が大きく変わったというより、大きく変わったのは調査方法なのだ（**図3**）

「1位　会社員」という結果に対して脊髄反射で「夢がない」と嘆いたり、「現実を見据えている」と称賛したりする前に、「その回答は以前から上位にランクインしているのか？」「ランクインしていないならなぜ急に今回ランクインしたのか？」「調査方法・対象に変わった点はないか？」、まずは要確認である。

図3 第一生命保険「大人になったらなりたいもの」アンケート

	小学生男子		小学生女子	
2022年度	会社員	10.5%	パティシエ	10.5%
2021年度	会社員	9.6%	パティシエ	13.2%
2020年度	会社員	8.8%	パティシエ	14.1%
2019年度	サッカー選手	9.3%	食べ物屋さん	15.9%
2018年度	サッカー選手	13.6%	食べ物屋さん	15.4%
2017年度	サッカー選手	8.8%	食べ物屋さん	11.3%
2016年度	サッカー選手	12.1%	食べ物屋さん	15.5%
2015年度	サッカー選手	13.8%	食べ物屋さん	15.8%
2014年度	サッカー選手	13.8%	食べ物屋さん	18.6%
2013年度	サッカー選手	12.6%	食べ物屋さん	16.9%
2012年度	サッカー選手	11.7%	食べ物屋さん	14.9%
2011年度	サッカー選手	14.8%	食べ物屋さん	19.7%
2010年度	サッカー選手	16.7%	食べ物屋さん	19.3%
2009年度	野球選手	16.3%	食べ物屋さん	20.0%
2008年度	野球選手	17.0%	食べ物屋さん	18.1%
2007年度	野球選手	11.8%	食べ物屋さん	13.9%
2006年度	野球選手	12.0%	食べ物屋さん	14.4%
2005年度	野球選手	16.3%	食べ物屋さん	12.8%
2004年度	野球選手	15.5%	食べ物屋さん	14.8%
2003年度	サッカー選手	15.8%	食べ物屋さん	12.5%
2002年度	学者・博士	9.6%	食べ物屋さん	13.3%
2001年度	野球選手	21.0%	食べ物屋さん	15.2%
2000年度	野球選手	15.5%	食べ物屋さん	16.4%
1999年度	野球選手	11.9%	食べ物屋さん	15.6%
1998年度	大工さん	9.9%	食べ物屋さん	11.5%
1997年度	野球選手	10.6%	食べ物屋さん	16.9%
1996年度	サッカー選手	12.7%	保育園・幼稚園の先生	10.4%
1995年度	サッカー選手	20.0%	看護師さん	13.3%
1994年度	サッカー選手	23.7%	食べ物屋さん	13.3%
1993年度	サッカー選手	10.5%	食べ物屋さん	9.5%
1992年度	野球選手	13.4%	お菓子屋さん	12.1%
1991年度	野球選手	17.4%	お菓子屋さん	12.2%
1990年度	野球選手	19.4%	保育園・幼稚園の先生	12.6%
1989年度	野球選手	15.1%	保育園・幼稚園の先生	12.0%

2020～22年は小3～6年生対象、19年以前は小1～6年生対象
2020～22年はネット調査、19年以前は第一生命生涯設計デザイナーが訪問・回収

6-2

結婚相手に望む年収、200万円ダウンの謎 回答者の年齢、婚活中か否かで答えは変わる

女性が結婚相手の男性に望む年収が、前年比で100万〜200万円も減少? 本当ならば大ニュースだが、調査設計が変わっているケースがよくある。調査対象や調査方法が変わっていないか? 結果を拡散する前に確認したい。

「女性が結婚相手に望む年収『400万円』、前年比200万円ダウン『女性の社会進出が進み、差が縮まっている』」――。2018年にこんな記事がSNS上でバズったことがあった。これはある大手結婚相談所が実施した「結婚と婚活に関するアンケート」の調査結果をニュースサイトが記事化したものだ。

調査によると、女性が結婚相手に望む年収は「400万円」が最多(23%)で、以降「500万円」(19%)、「600万円」(15%)と続く。一方、その前年に実施した調査では、同じ設問で「500万円」と「600万円」が同率1位だった。希望額が前年比100万〜200万円下がったことになる(**図1**)

調査を実施した結婚相談所は、「女性の社会進出が進んでいることから、相手に求める年収の差が年々縮まっていることがわかる」と記事中でコメントを寄せていた。

この調査をどう見るか？「結婚相手（男性）に望む年収、前年比２００万円ダウン」はメディア側が付けたつり見出しであることを差し引いても、たった1年の変動にしては大き過ぎやしないか。

回答者の属性は前年と同じ？

そこで前年のアンケート結果についても確認したところ、調査対象者が異なっていることが明らかになった。前年のアンケート対象者は自社の会員、つまり「婚活中」の人で、回答女性のうち20代は2割に満たず、平均年齢は38歳だった。一方、当年のアンケート対象者は、ネットリサーチ会社の一般モニター会員。そして回答女性の年齢層も、20代が54%と過半数を占め、20～30代でほぼ9割を占める（**図2**）

今まさに婚活中の女性に尋ねた相手に望む年収と、婚活中か否かを問わず未婚の女性に聞いた希望年収を比べれば、真剣に結婚を考えている前者の希望額面が高くなるのは当然

図1

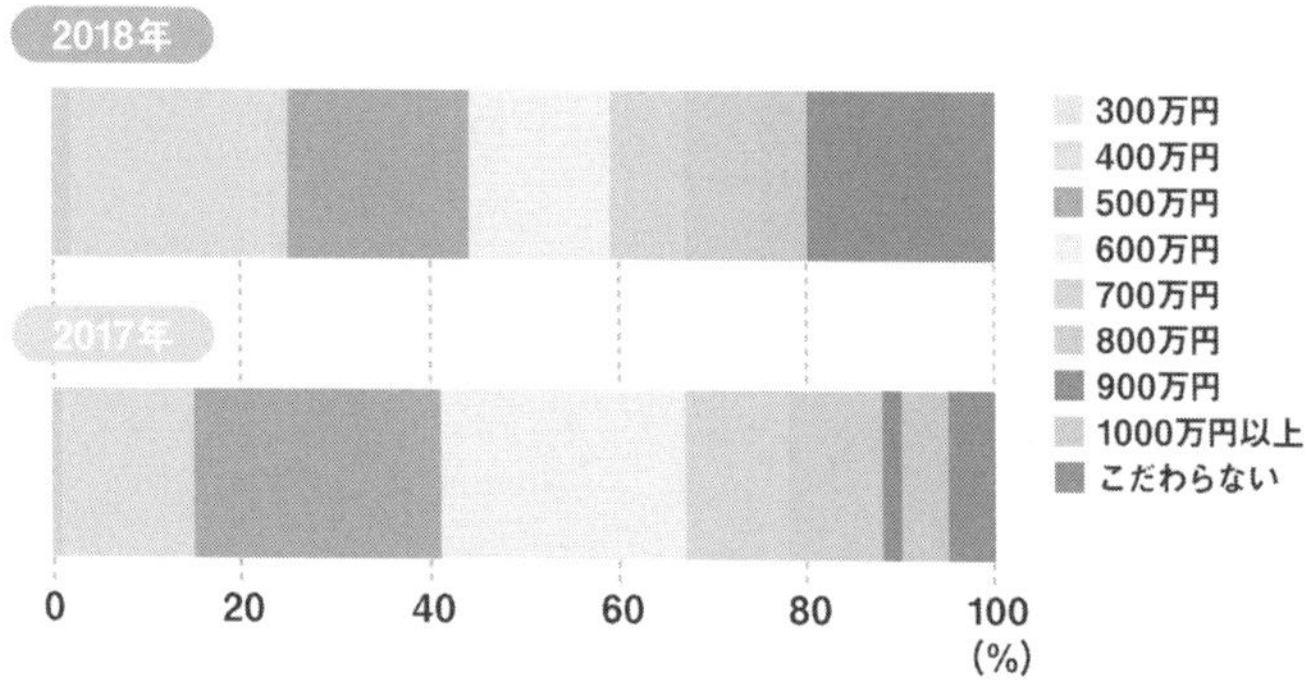

結婚相手（男性）に望む年収が下がったというが…

だ。しかも前者は年齢層も高い。相手（男性）に望む年収は、当たり前だが年を重ねるほど上がっていく。両者を同じ土俵では比べられない。「女性の社会進出が進んでいることから…」は後付け講釈だ。

筆者が結婚相談所の運営会社にこれらの指摘をしたところ、「ご指摘を真摯に受け止め、改めてアンケートの取り直しを検討しております」との回答があった。

アンケート調査結果には何らかのメッセージが込められていると考えれば、相手の年収にこだわり過ぎる女性会員への意識改革を狙ったものかもしれない。あるいは、以前よりは〝高望み〟する会員が減った印象を持っていたことが、この解釈を導いたのかもしれない。

図2

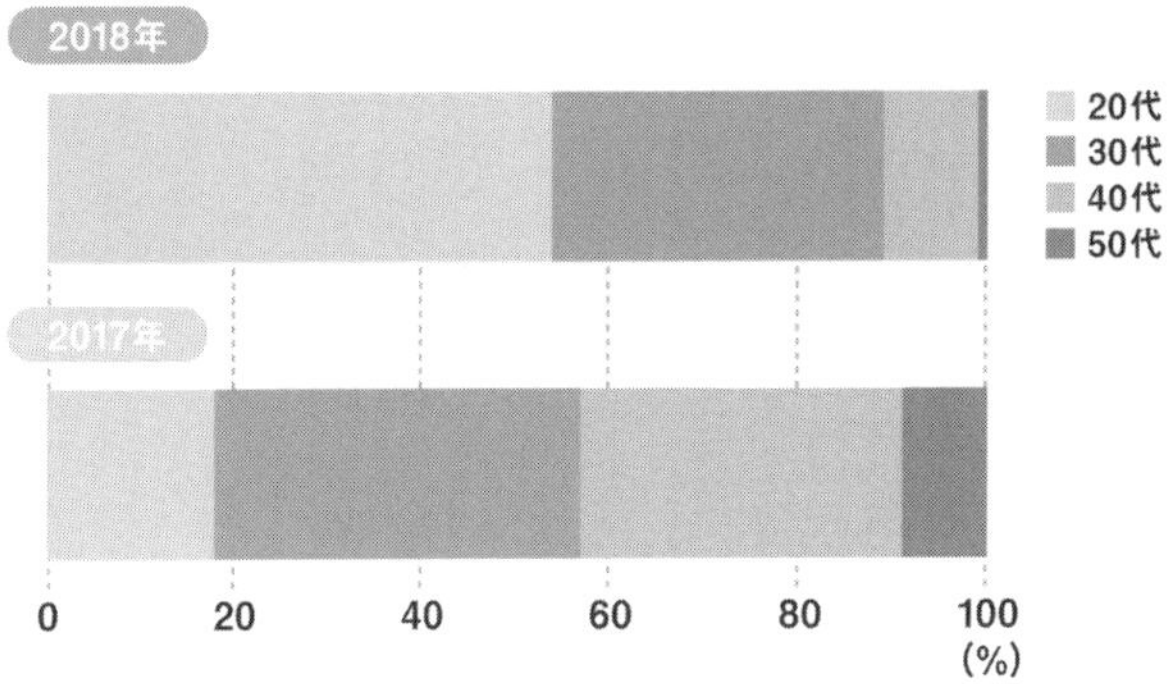

今年の女性回答者は昨年よりずっと若い

これは結婚相談所に限った話ではなく、事業会社の自主調査、調査リリースは、自社に都合の良い情報やトレンドを発信することに使われる面はある。

とはいえ、結婚相手に望む年収という社会的に注目を集めるテーマで、実際にSNS上でもバズったその内容に不備があると、せっかくの調査リリースが企業への不信感をもたらし逆効果になってしまう。当年と前年を比較する以上は、調査条件や対象を比較可能な設計にすることが大前提だ。

第7章

ネットで分かる
栄枯盛衰

7-1

認知度95%でも「死語」にプレミアムフライデー対ブラックフライデーの明暗

毎年11月下旬に小売店やECサイトが開催するセール「ブラックフライデー」。米国発祥だが、ここ数年で日本でもすっかり定着した感がある。一方の「プレミアムフライデー」は鳴かず飛ばず。何が明暗を分けたのか?

毎年11月第4木曜日の祝日「感謝祭（サンクスギビング）」の翌日金曜日から週末にかけて、米国の店舗やＥＣサイトでは、年末のビッグセール「ブラックフライデー」が繰り広げられ、大規模な安売りが実施されるのが恒例だ。クリスマスに向けた年末商戦の幕開けと位置づけられる。

深刻なインフレによる物価高が家計を圧迫している米国で、セールの売れ行きが注目された２０２２年11月のブラックフライデー。小売業を調査・分析する米センサーマティック・ソリューションズの調査によると、11月25日に店舗を訪れた客数は前年比２・９％増。また米アドビ・アナリティクスによると、同日の米国オンライン消費額は前年比２・３％増

すっかり定着した「ブラックフライデー」に対し、「プレミアムフライデー」は忘れ去られた存在に（画像左／Shutterstock、画像右／プレミアムフライデー推進協議会のプレスリリースから）

で、過去最高の91億2000万ドルに上ったとの試算を出した。幾分の物足りなさはあるが、消費の底堅さを示したとも言える。

日本でも定着したブラックフライデー

このブラックフライデー。日本でも近年すっかり定着している。日本で最初にブラックフライデーセールを大々的に展開したのはイオンだ。16年11月25〜27日、イオングループ全国2万超の店舗で「イオンのブラックフライデーセール」を実施したのが始まり。22年も11月18〜27日に「イオン ブラックフライデーセール」を実施した。ちなみにイオンは

図1 イオンは2016年11月に「ブラックフライデー」と「サイバーウィーク」セールを実施

出所：2016年10月25日のイオンのプレスリリース

16年、米国で感謝祭の次の月曜日から始まるオンラインセール「サイバーマンデー」にも対応し、11月25〜30日にイオンのECサイト「イオンドットコム」で「イオンのサイバーウィーク」も開催した（**図1**）

　LINEが22年11月に、LINEリサーチでブラックフライデーの認知度や買い物経験を調査したところ、認知度は90・4％（男性87・0％、女性93・9％）。利用経験者も31・2％と3割を超えていた（有効回収数1054人、全国15〜69歳の男女、性年代構成比に合わせて回収）。利用経験は、女性が33・7％、30代が35・6％、40代が37・1％

図2「ブラックフライデー」の認知度、利用経験

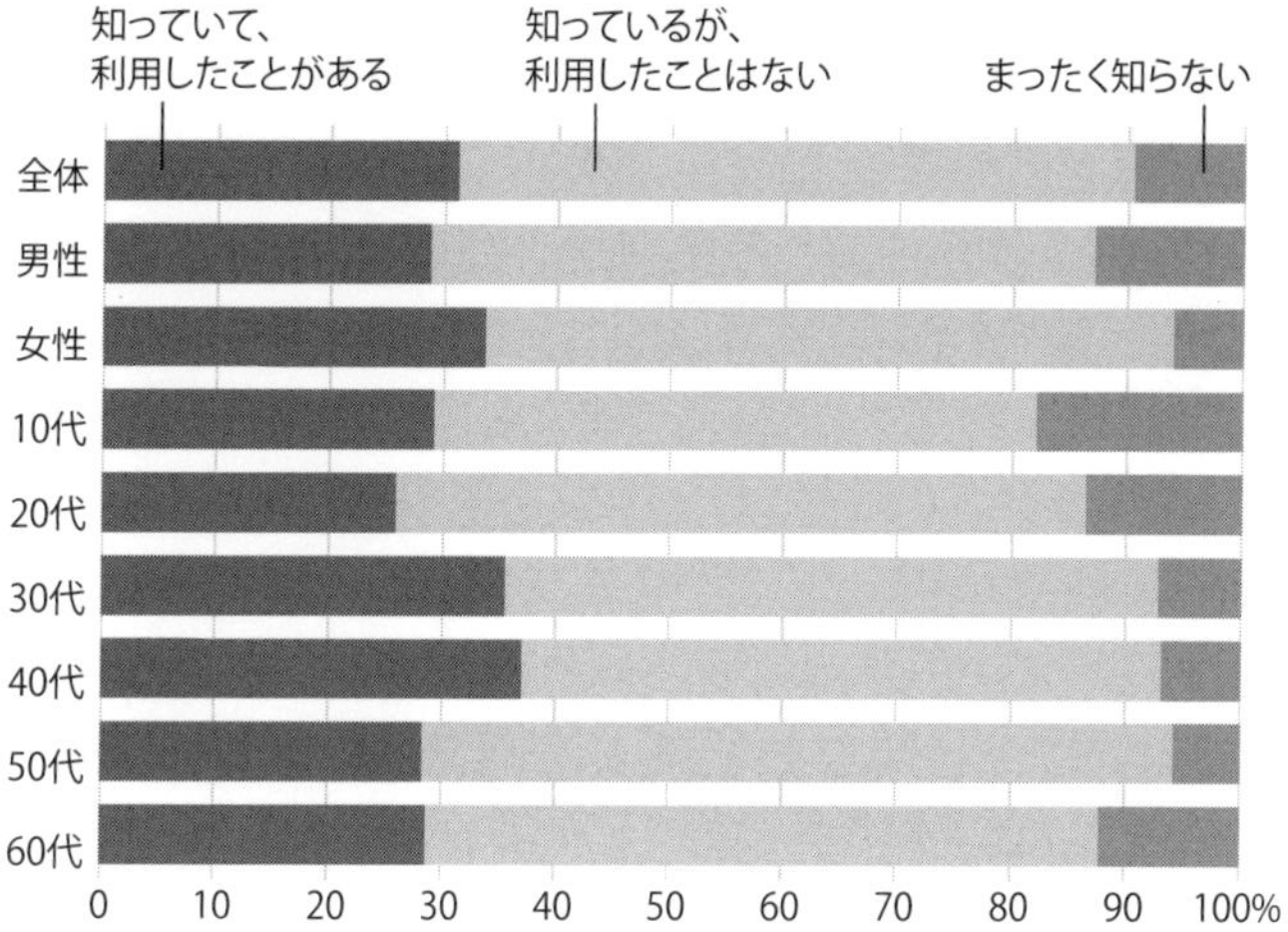
知っていて、
利用したことがある
知っているが、
利用したことはない
まったく知らない
全体
男性
女性
10代
20代
30代
40代
50代
60代
0
10
20
30
40
50
60
70
80
90
100%

出所：LINEリサーチ「ブラックフライデー」調査（2022年11月）

と、女性と30〜40代がリードしている（**図2**）

検索語の検索規模や推移を可視化する「グーグルトレンド」でも、ブラックフライデーはイオンが開始した16年に最初の山ができて以降、毎年検索が伸び、22年の検索規模が最大になったようだ。６年ですっかり定着したと言っていいだろう（**図3**）

楽天市場は17年からブラックフライデーセールを展開。22年も11月22日から「ブラックフライデー２０２２」を開催した。ロボット掃除機「ルンバ」など注目商品を特価販売したほか、１０００円以上の買い物をした店舗数

図3 Googleトレンドで調べた「ブラックフライデー」の検索ボリューム推移

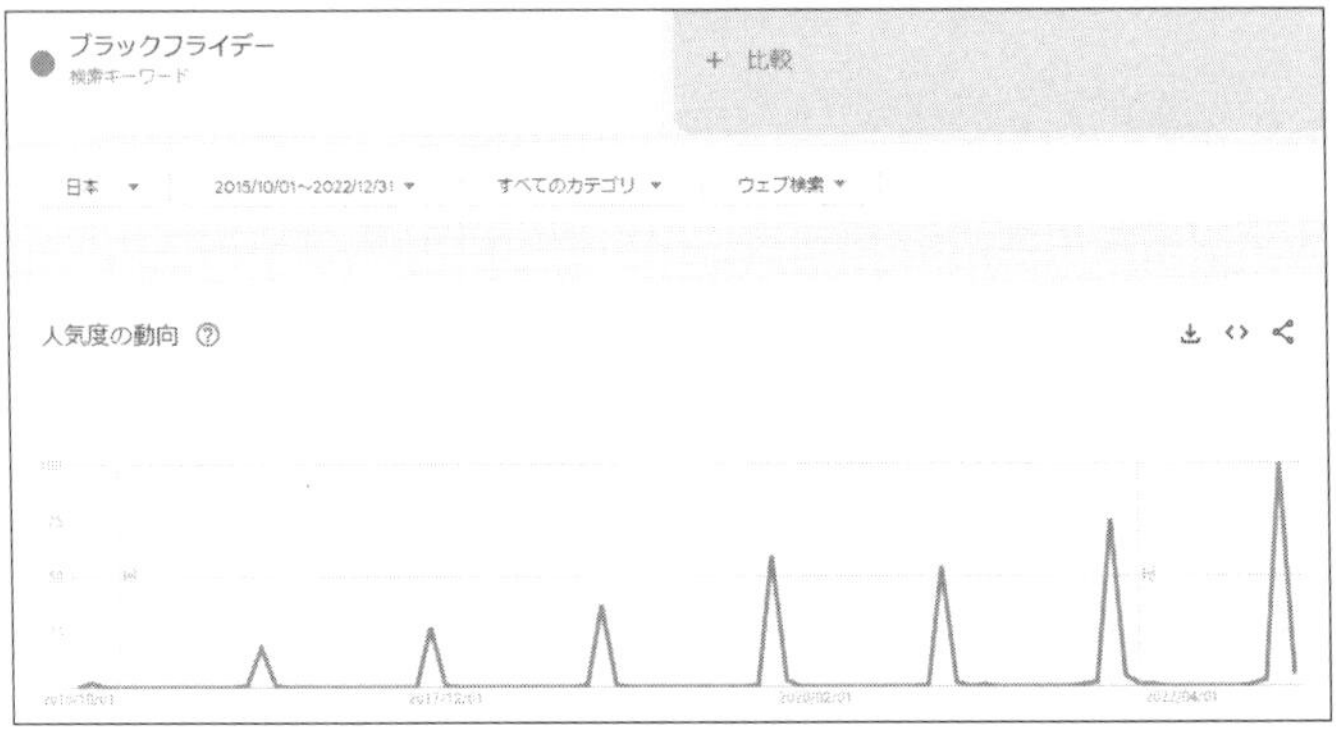

に応じて還元率を上乗せする「ショップ買いまわり」キャンペーンを実施した。

アマゾンのブラックフライデーは19年からスタート。22年は11月25日から12月1日までの7日間、「アマゾン ブラックフライデー ２０２２」を開催。日ごろ割引セールをあまり見かけない商品群でも、大幅値引き品の目印である赤札表示が目立った。

実店舗では、ファーストリテイリングが創業60周年を迎えた09年11月に記念キャンペーンを実施して以降、この時期に感謝祭を開くのが定番になっている。22年も11月18～28日に「ユニクロ感謝祭」、同11～24日に「ＧＵ感謝祭」を実施し、ユニクロ・ＧＵ版ブラックフライデーとなっている。

図4 Googleトレンドで調べた「プレミアムフライデー」の検索ボリューム推移

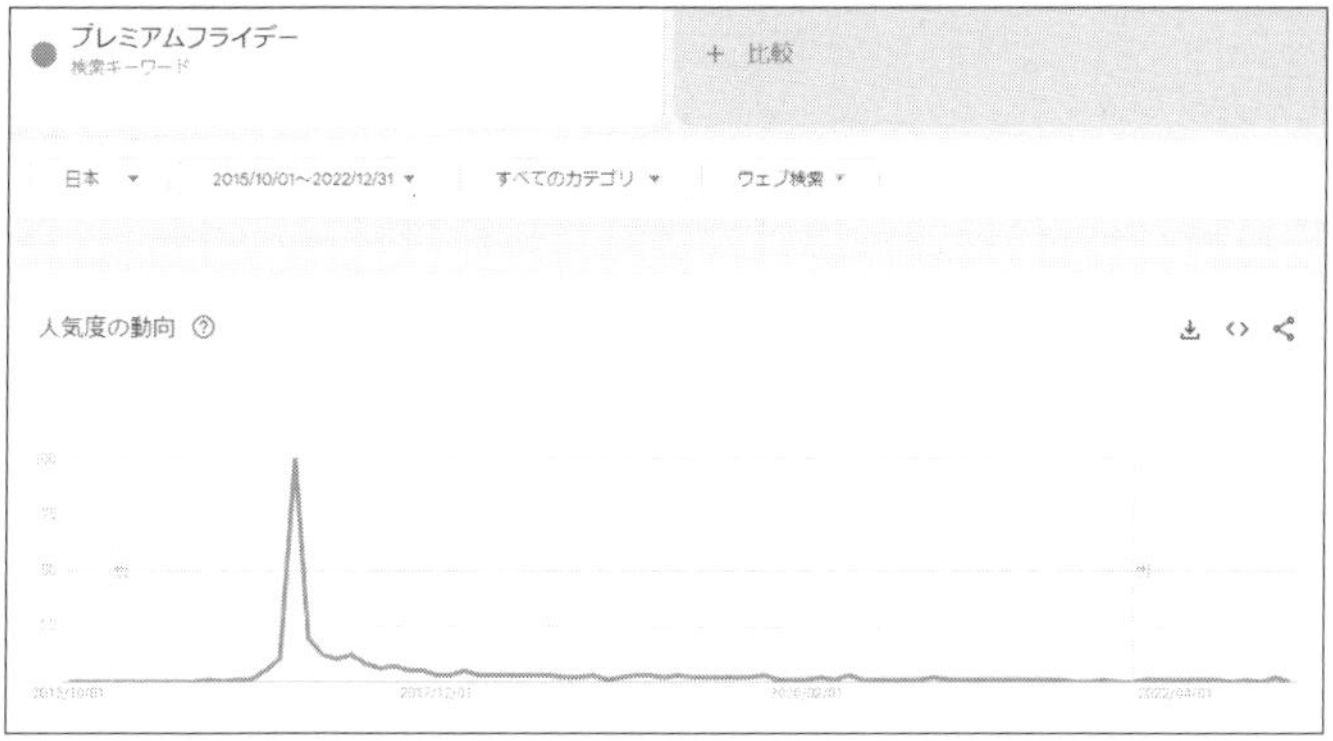

短期間ですっかり定着したブラックフライデーに対し、同じ金曜日でありながら浸透していないワードがある。ほぼ同時期に始まった「プレミアムフライデー」だ。月末最終金曜日の退社時間を通常よりも早めて、買い物や家族との外食などに充ててもらおうと、16年12月に経済産業省、日本百貨店協会、日本旅行業協会などが「プレミアムフライデー推進協議会」を設立。働き方改革と消費活性化の二兎（にと）を狙った「国策」で、17年2月24日にスタートしたものだ。

初回こそ話題を集め、小売業や外食各社が仕事を早上がりするビジネスパーソンを取り込もうとセールを打ち出したが、翌月以降は盛り上がりが鳴りを潜めてしまった（**図4**）。今やすっかり忘れ去られ、〝死語〟扱いである。

「プレミアムフライデー」の〝敗因〟は？　回復策はあるか？

グーグルトレンドで「ブラックフライデー」と「プレミアムフライデー」を比較すると（**図5**）、ブラックフライデーは初年度の16年11月こそ、プレミアムフライデー初回の17年2月に検索規模で負けているが、2年目の17年11月にはほぼ同等に。以降は新型コロナウイルス禍初年度の20年を除いて検索規模が年々増えている。

プレミアムフライデーの〝敗因〟は、月末金曜という日取りの設定にある。給与振込日の25日以降になることが大半のため、その財布を狙った施策でもあったが、企業にとって月次決算の締め日に当たる月末は多忙になりやすく、早上がりどころか定時退社も難しいという声が多く聞かれた。特に実施2回目の17年3月31日は年度末そのものだったため、「無理ゲー」「民間企業のことを分かっていない」と不評を買った。セールを打つ店舗が増えず、コロナ禍に入ると、数少ないセールやイベントを実施していた企業・団体も中止を余儀なくされたことで退潮に拍車がかかった格好だ。

ただし復調の可能性がないわけではない。プレミアムフライデーが始まって以降、働き方改革を推進する企業では月末金曜の15時退社を推奨しているケースも目立つ。そこへ新

図5 Googleトレンドで「ブラックフライデー」と「プレミアムフライデー」の検索ボリュームを比較

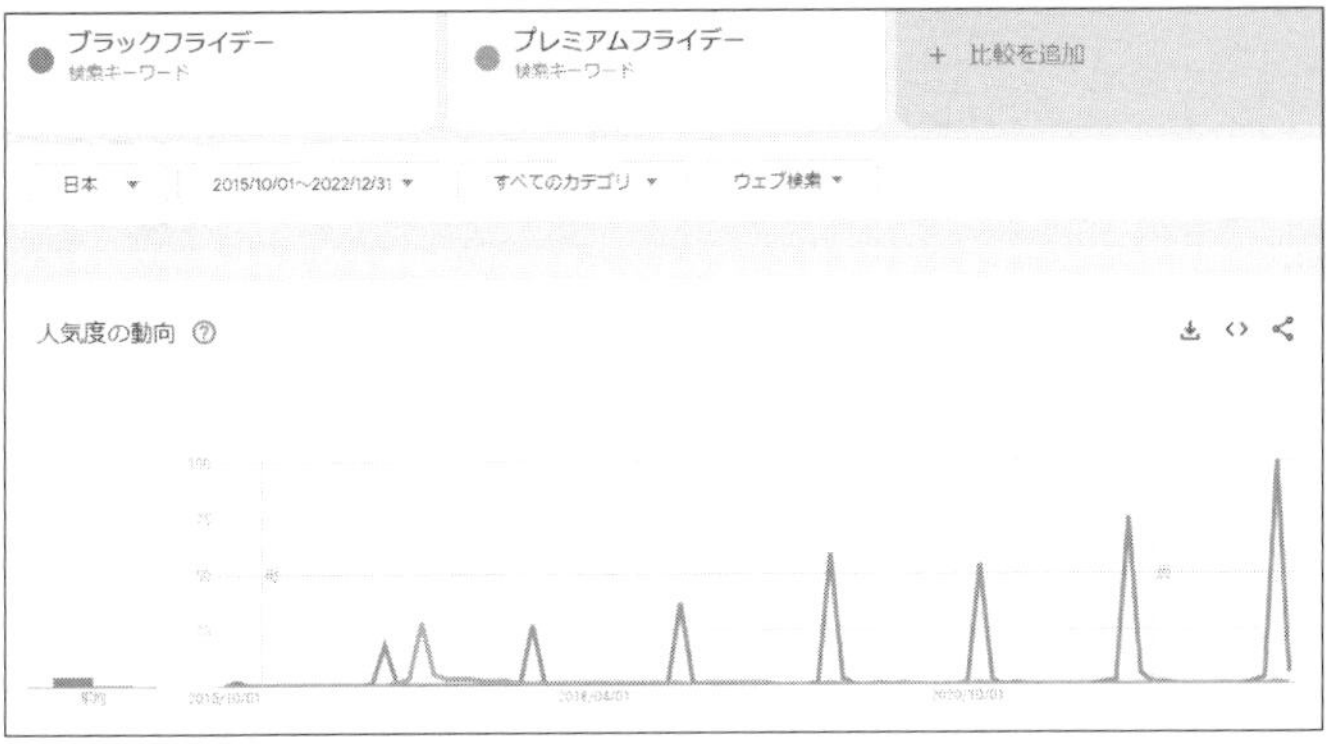

型コロナウイルス禍でテレワークが普及した。月末は多忙ではあるが、テレワークなら業務を終えた時点ですでに自宅にいる。ベッドタウンの店舗に商機が巡ってきたと見ることもできる。首都圏なら国道16号沿線を商圏とする企業は検討の余地があるだろう。

帰りの通勤時間が浮く分を何に充てるか。動画コンテンツ視聴やリスキリング関連のオンライン講座も候補になるだろう。月末金曜が多忙であることは変わらなくても、働き方、働く場所は変わっている。プレミアムフライデーにもまだ使いようはあるはずだが、そうした取り組みは残念ながらほとんど見られない。死語になりかけているワードをあえて持ち出すのはハードルが高いようだ。

7-2

Z世代が選ぶ「次にくるSNS」5位にm・i・x・iは再び若者のたまり場になっている？

2023年3月で開設19年を迎えた元祖SNS「m・i・x・i」。久しく利用していない非アクティブな〝元ユーザー〟が多いだろう。それが今、Z世代に人気だという。また若者が集う場になったのか？

「m・i・x・i、今なぜ再注目？〝オワコン〟の声に運営側「危機感はなかった」Z世代を魅了する国産SNSゆえの〝ある〟独自性」（オリコンニュース、23年3月23日）
「Z世代が惹かれる『m・i・x・i』のレトロさ　変化するSNSとの関わり方」（フォーブスジャパン、23年3月7日）
「m・i・x・iはオワコンって誰が言った？〝SNS疲れ〟の時代に再ブームの可能性」（日刊SPA！、23年3月4日）

2023年に入って、元祖ソーシャルネットワーキングサービス「m・i・x・i」の人気復活と

mixiがたびたび話題に（画像／mixi公式サイトから）

その理由に迫る記事を目にするようになった。

きっかけは、中国最大手の検索エンジン「百度（バイドゥ）」を運営する百度の日本法人、バイドゥ（東京・港）が23年1月に公表したSNSに関する調査結果だ。日本語入力アプリ「Simeji」ユーザーを対象に定期的に実施しているアンケートで、「次にくると思うSNS」について尋ねたところ、なんと5位にmixiがランクインしていた（**図1**）。回答者は10～24歳の男女３６７人で、まさしくZ世代。「Z世代にとってはmixiが『次世代SNS』なのか!?」と驚きをもって受け止められた。これを受けて、〝mixi復活〟の理由づけがあれこれ論じられている格好だ。

では、Z世代は本当にmixiを利用してい

図1 Z世代が答えた「次にくるSNS」の5位にmixiがランクイン

Z世代が選ぶ!!
トレンド寸前!次世代SNS TOP10
1 NauNau
2 GRAVITY
3 Pinterest
4 Yay!
5 mixi
6 Bonfire
7 くるっぷ
8 MONIE
9 BeReal
10 Snapchat
Simejiランキング

出所：バイドゥ【Simejiランキング】Z世代が選ぶ！「トレンド寸前！ 次世代SNS TOP10」

て、mixiに復調の気配があるのだろうか？ いくつかのデータで検証していきたい。

ネットリサーチ大手のマクロミルは毎年年明け、新成人（20歳）の意識調査を実施、公開している。08年から始まった恒例の定点調査で、13年以降毎年尋ねている質問に、「利用しているSNS」がある。

13年の各SNS利用率は、ツイッターが57・4％でトップ。2位にLINEが54・6％と僅差で続き、3位フェイスブックが48・8％。mixiは4位、35・4％だった。

男女別では男性の利用率が30・0％、女性は40・8％。すでに人気のピークは過ぎていたが、新成人女性の5人に2人はmixiを利用していた（**図2**）

図2 新成人(20歳)のSNS利用率

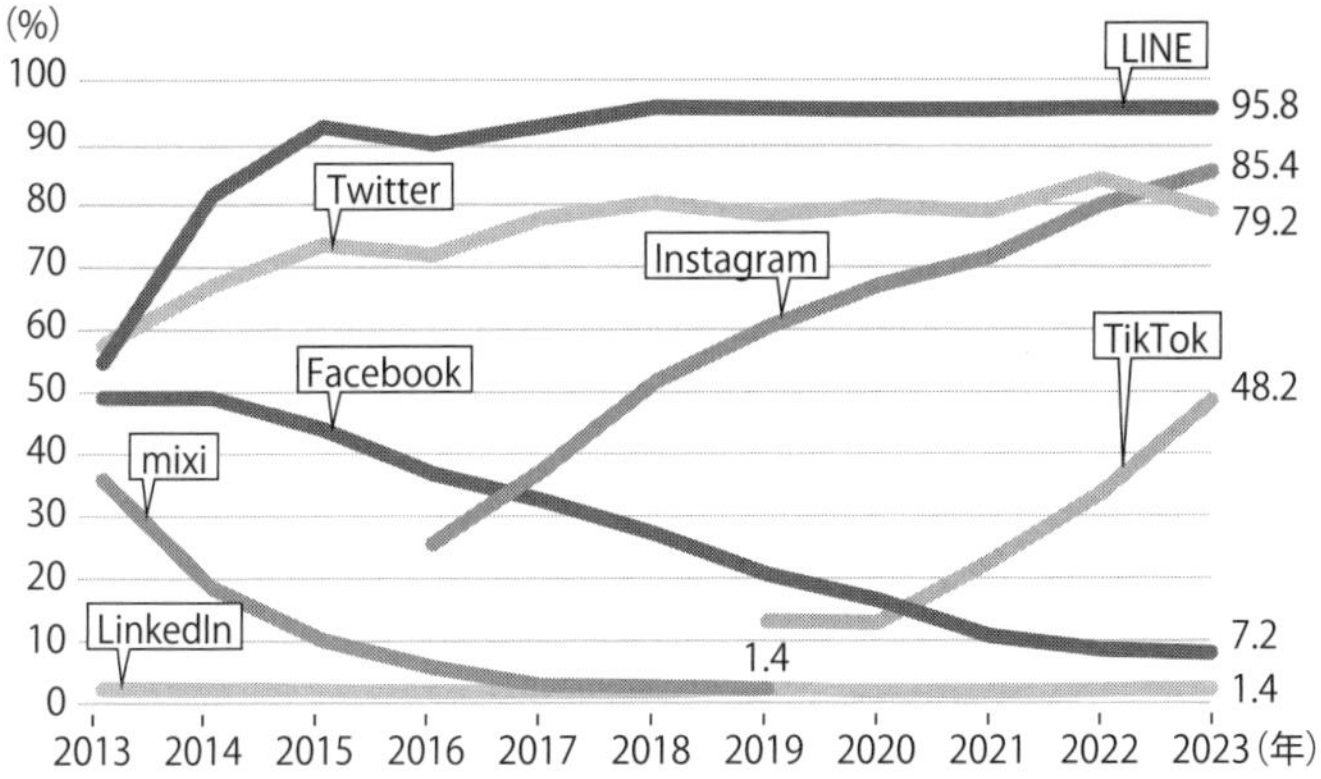

出所：マクロミル、各年の「新成人に関する調査」から

だが新成人のｍｉｘｉ利用率はそこから衰退の一途をたどる。翌14年は18・０％、15年は９・４％と半減を繰り返し、19年には１・４％と地をはうようになった。20年以降は結果を示すグラフから省かれ、23年時点では利用率１・４％のリンクトイン（ＬｉｎｋｅｄＩｎ）を下回っている。

ではｍｉｘｉへの注目度、関心度に変化はあるか？「ｍｉｘｉ」検索の動向を調べてみた。使用したのは、ヴァリューズ（東京・港）のWeb行動ログ分析ツール「Ｄｏｃｋｐｉｔ（ドックピット）」。21年３月から23年２月まで、２年間の「ｍｉｘｉ」検索者数の推移は**図3**の通り。

21年はほぼ横ばいで推移した後、22年上半期

図3 「mixi」検索者数の推移（2021年3月～23年2月の2年間）

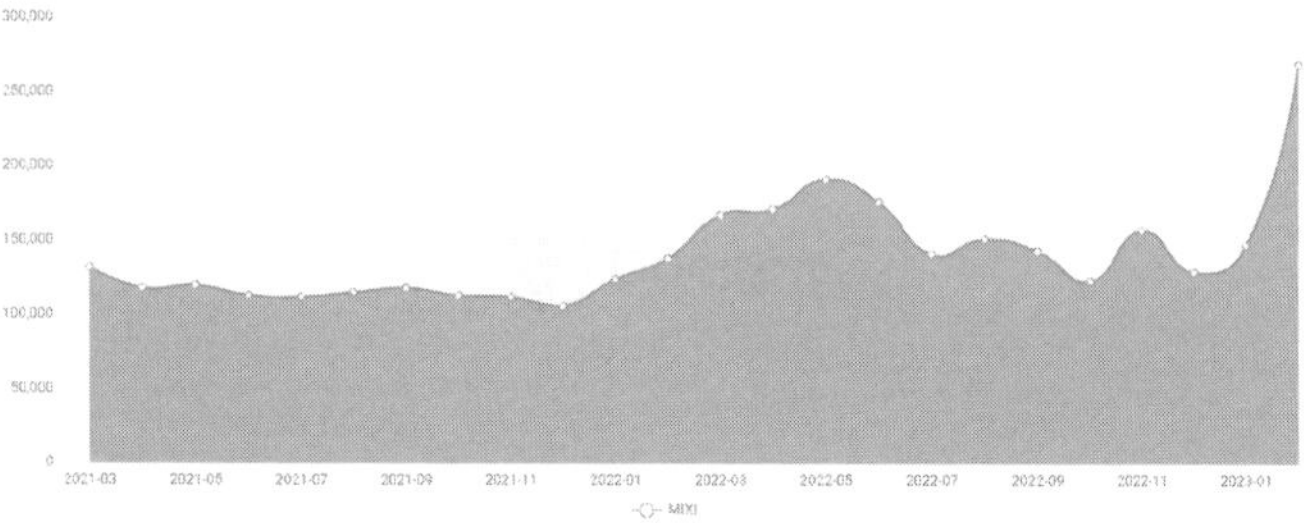

出所：ヴァリューズ「Dockpit」

は増加。22年10月にかけて減少し、以降アップダウンを経て23年2月に急伸する。2月の急増は、先の「Z世代がｍｉｘｉに注目」という調査結果を基にした記事が出回ったことによる検索増と考えられる。

　また、「ｍｉｘｉ」検索者の年代を見ると（21年1月～22年12月）、30代が31・4％と突出している。次いで多いのは40代の28・6％。20代は12・6％で、ネット利用者全体に占める20代の割合よりも低い。10代も同様に下回っている（**図4**）。Z世代の多くがｍｉｘｉに関心を持って調べている様子は見えてこない。これは検索だけでなく、実際に「ｍｉｘｉ．ｊｐ」にアクセスしているユーザー、およびｍｉｘｉアプリユーザーの年代についても同様で、ユー

図4 「mixi」検索者の年代構成（2021～22年の2年間）

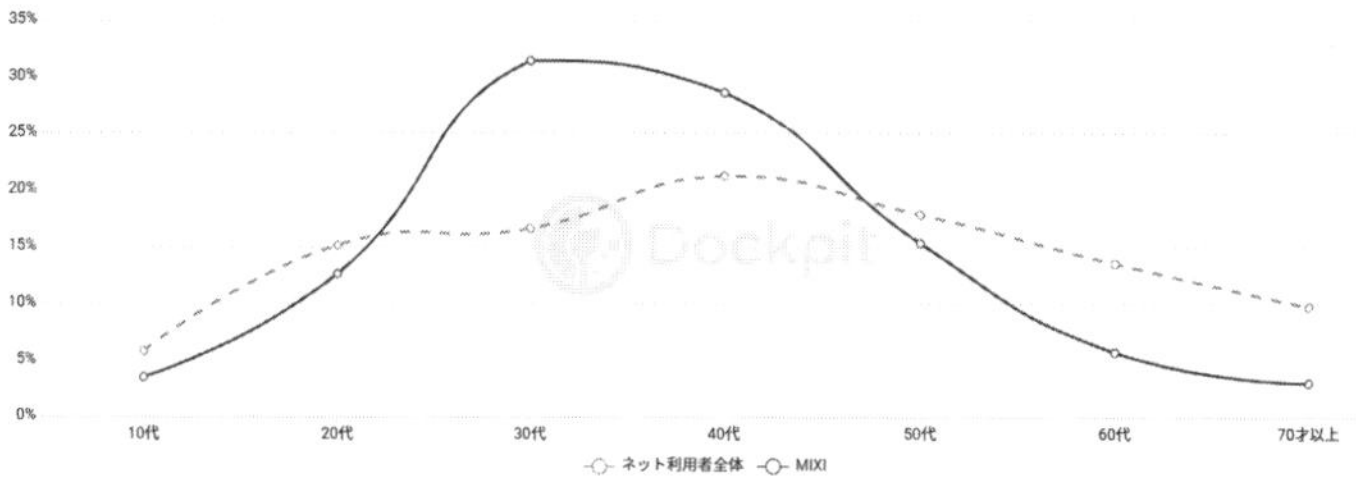

出所：ヴァリューズ「Dockpit」

ザーの中心層は30～40代だ。

やや古いデータだが、m・i・x・iが18年9～10月にm・i・x・i利用者向けに実施したアンケートで、利用年数を尋ねた回答がある。トップは「10年以上」が57・9％を占め、「5年以上10年未満」31・6％と合わせると、「5年以上」の利用者が約9割を占める。「3年未満」はわずか5・3％だ（**図5**）。

なお、「m・i・x・i．jp」ユーザーのうち、20代ユーザーの割合をドックピットで調べると、20年1～6月の21・0％から、21年1～6月は18・8％、22年1～6月は16・5％と減少している。バイドゥ調査を基にした記事が出回った23年1～2月は、かつてm・i・x・iを利用していた30～40代が久々にログインしたことで、

図5 mixiユーザーは利用歴10年以上のベテランが大半

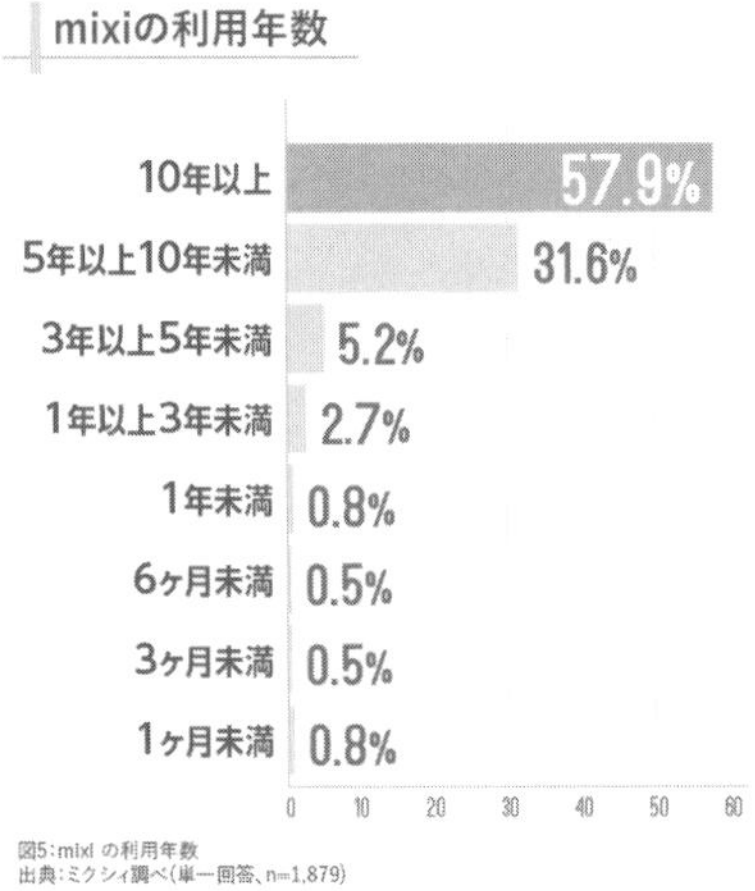
mixiの利用年数
10年以上
57.9%
5年以上10年未満
31.6%
3年以上5年未満
5.2%
1年以上3年未満
2.7%
1年未満
0.8%
6ヶ月未満
0.5%
3ヶ月未満
0.5%
1ヶ月未満
0.8%
0
10
20
30
40
50
60
図5：mixi の利用年数
出典：ミクシィ調べ（単一回答、n=1,879）

出所：「mixi の利用実態」アンケート調査レポート（2018年9～10月）

20代ユーザーの割合は12・0％とさらに下がっている（**図6**）。

したがってバイドゥの調査結果は、Z世代が大挙してmixiに新規登録しているというより、少数派ながらも利用しているZ世代ユーザーが居心地の良さを評価してmixiを挙げたことでランクインしたものと思われる。30～40代にとってmixiは、懐かしの〝母校〟のような存在であったり、あるいは〝黒歴史〟が刻まれた場所だったりするが、2000年代後半の人気ピーク期を知らないZ世代にとっては目新しいサービスに映るだろう。親・上司世代が使用するフェイスブックと違っ

図6 mixi.jpユーザーに占める20代の割合の推移

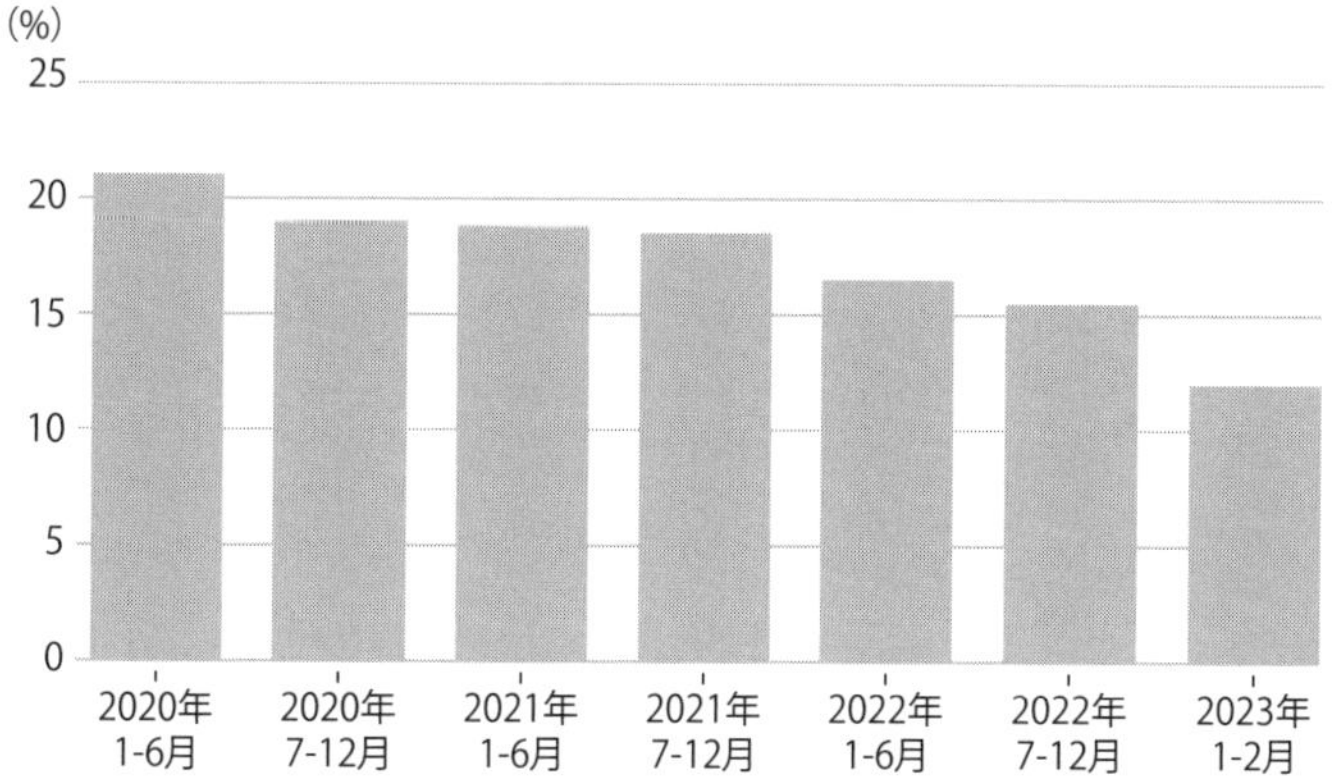

出所：ヴァリューズ「Dockpit」

て監視下に置かれるような窮屈さがなく、炎上が日常茶飯事のツイッターよりも安心感を持って仲間内で過ごせるのは魅力といえる。

「m·i·x·i人気再燃か？」という読み筋が生まれた背景には、イーロン・マスク氏が買収して以降の米ツイッターに対する不安がある。人員削減で中傷ツイートの削除が追いつかず荒れているように感じる人が少なからずいること、外部サービスと連携しているアカウントが凍結されるなどサービスとしての安定感に疑念が生じていること、などだ。

ツイッターからの避難先という観

図7

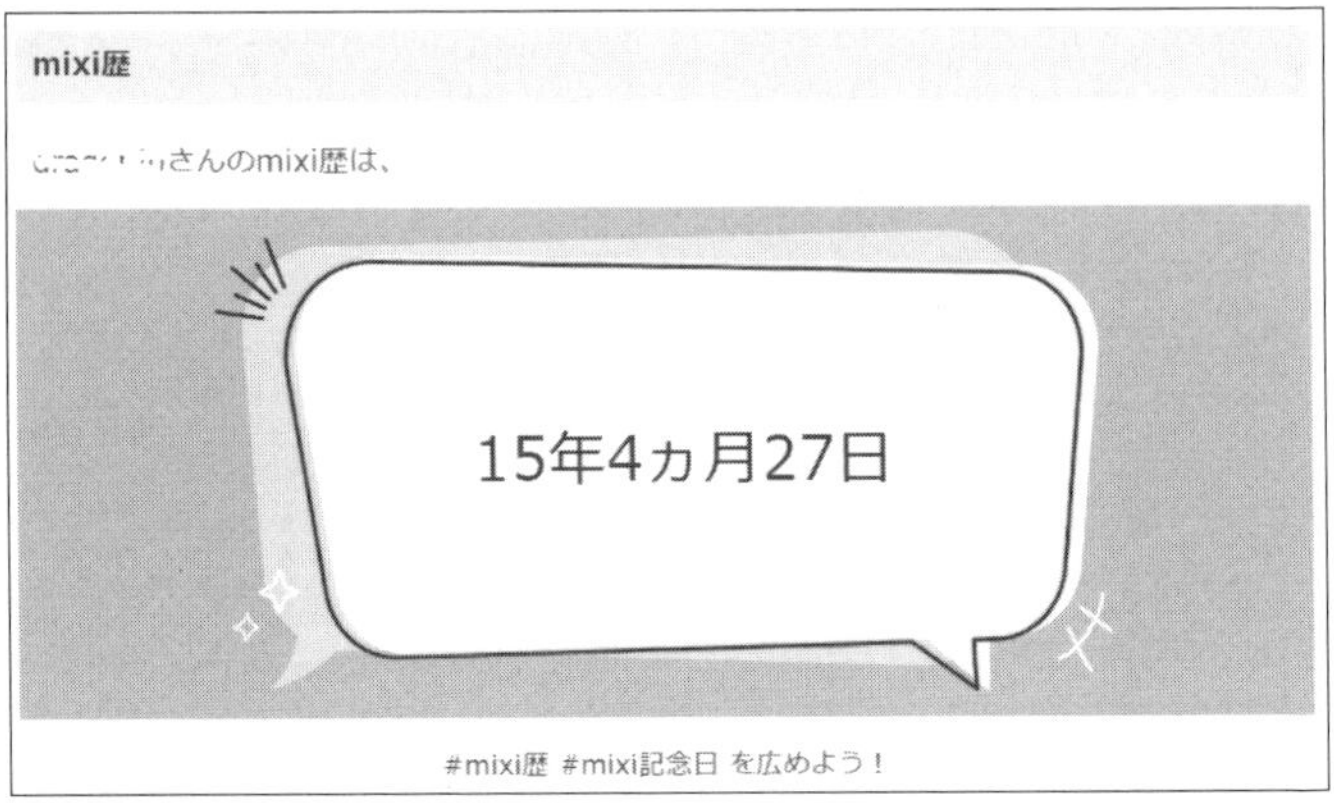

開設19周年を迎えた2023年3月、「mixi歴」を表示するプロモーションを展開して盛り上げた

点では、マスク氏がツイッターを買収した22年11月に、分散型SNS「マストドン（Mastodon）」の検索者数、ユーザー数が急増している。mixi広報も、「mixi登録者全体と比べて、高校生から若手社会人の年齢層の利用が22年秋ごろから活発になっている」と語る。

mixiは23年3月、開設19年を迎えたタイミングで、ログインすると「私のmixi歴」を表示するプロモーションを実施し、古参ユーザーの口コミを誘発した（**図7**）。mixiがたびたびトレンドワードに上がったことで、再びツイッターに不安が生じた際にはmixiも避難先の有力候補になる可能性はありそうだ。

第7章　ネットで分かる栄枯盛衰

おわりに

結びとして「あとがき」らしいまとめやこぼれ話などを本来はつづるべきところですが「出生数、年70万人前半も　1～3月5％減の18万2０００人」（日本経済新聞23年5月26日付）という記事が目にとまったので、出生数・率の話をしたいと思います。

●合計特殊出生率
宮崎県：２０２1年1・６４（全国3位）、２０１1年1・６８
宮城県：２０２1年1・１５（全国46位）、２０１1年1・２５
全　国：２０２1年1・３０　　　　　　２０１1年1・３９

こちらは宮崎県と宮城県、そして全国の合計特殊出生率。21年と11年の数字です。宮崎県の合計特殊出生率は1・６４。47都道府県で3位と高く出ています。世界比較で目先の目標ないしお手本として挙げられる欧州の国々と競る数字です。一方、宮城県は1・１５で最下位1つ手前の46位。全国平均が1・３０ですからかなり低いですね。

では、出生数はこの10年でどちらの県がより多く減っているでしょう？　「これだけ出生率に差があるのだから、それは宮城県のほうが出生数の減少率は大きいでしょう」。そんな声が聞こえてきます。ファイナルアンサー？（みのもんた風）

実際の出生数を見ていきましょう。宮崎県は21年が7590人、11年が1万152人。25・2％減です。一方の宮城県は、21年が1万3761人、11年が1万8062人で、23・8％減。僅差ではありますが、宮崎県のほうが出生数の減少率は大きいという結果です（全国平均は22・8％減）。意外でしたか？

なぜ出生率と逆になるのか？　これは人の移動が関係しています。合計特殊出生率の算出方法は複雑なので割愛しますが、出生率ですから、分母には（いわゆる出産適齢期の）女性の数、分子には子供の数がきます。これから子供を生む若い未婚女性が他県に出て行ってしまう県だと分母が軽くなるので、出生率は高くなります。逆に若い未婚女性が流入してくる県では、分母が大きくなりますから、出生率は低くなります。

宮城県の合計特殊出生率（21年）は全国46位でしたが、では47位（最下位）はどこでしょう？　東京都です。1・08でした。11年も1・06で最下位を独走しています。そんな東京都の出生数はどうなっているかというと、21年は11年比で10・0％減。全国22・8％減の減少幅を食い止める側にいるのが東京都なのです。

東京都には若い未婚女性がどんどん流入してくる。宮城県は東京に流出するものの、東北各県からの流入もある。宮崎県は福岡、大阪、東京に流出して、流入は少ない。この違いが合計特殊出生率の高低に影響し、実際の出生数増減とのズレを起こしています。東北も合計特殊出生率は宮城県が最低ですが、出生数の減少は他の5県（青森、秋田、岩手、山形、福島）のほうが深刻なのです。

「東京都は合計特殊出生率が最下位だけど、小学校が足りないとか中学受験が激化しているとも聞く。なぜ？」。こんな疑問を持つこと、そして調べてみることが大切です。本書についても、うのみにせず、クリティカルに読んでいただければ幸いです。

２０２３年5月末日

日経クロストレンド記者　小林直樹

※本書は、日経BPのマーケティング専門メディア「日経クロストレンド」、およびその前身媒体に当たる「日経デジタルマーケティング」で編集部記者の小林直樹が執筆してきた記事を基に、大幅に加筆、またデータの更新を加えて構成したものです。

著者略歴

小林直樹（こばやし・なおき）

日経BP「日経クロストレンド」記者。早稲田大学政治経済学部卒業後、日経BP入社。「日経ビジネス」を皮切りに「日経ネットナビ」「日経ビジネスアソシエ」「日経デジタルマーケティング」の創刊に参画。1999年に取材した東芝ビデオクレーマー事件をきっかけに「ネット炎上」現象の分析、執筆がライフワークに。「日経クロストレンド」では、ランキング、データ、調査ものを多く手掛ける。著書に、『だから数字にダマされる　「若者の○○離れ」「昔はよかった」の9割はウソ』（日経BP、2016年）、『ネット炎上対策の教科書　攻めと守りのSNS活用』（日経BP、2015年）、『わが子のスマホ・LINEデビュー 安心安全ガイド』（日経BP、2014年）、『ソーシャルリスク　ビジネスで失敗しない31のルール』（日経BP、2012年）、『ソーシャルメディア炎上事件簿』（日経BP、2011年）がある。

日経クロストレンド

「マーケティングがわかる　消費が見える」を編集コンセプトとするオンラインビジネスメディア。顧客相手のビジネスを展開している限り、携わるすべての人が「マーケター」です。顧客に寄り添い、課題を解決するヒントを探るべく、日経クロストレンドでは、マーケターのためのデジタル戦略、消費者分析、未来予測など、多彩なテーマの記事を平日毎日お届けします。また、第一線で活躍するマーケターを招いた各種セミナーイベントも定期的に開催。あらゆるマーケティング活動やイノベーション活動を支援します。　https://xtrend.nikkei.com/

「人気No.1」にダマされないための本

2023年6月19日　第1版第1刷発行

著　者　小林 直樹
発行者　佐藤 央明
発　行　株式会社日経BP
発　売　株式会社日経BPマーケティング
〒105-8308　東京都港区虎ノ門4-3-12
https://bookplus.nikkei.com/
装　丁　小口 翔平+畑中 茜（tobufune）
制　作　關根 和彦、三橋 理恵子（QuomodoDESIGN）
印刷・製本　大日本印刷株式会社

ISBN978-4-296-20259-1
Printed in Japan